国家卫生和计划生育委员会"十二五"规划教材
全国高等医药教材建设研究会"十二五"规划教材
全国高等学校临床药学专业第二轮规划教材
供临床药学专业用

药物经济学

主　编　孙利华

副主编　刘国祥　颜久兴

编　者　(以姓氏笔画为序)

吕雄文（安徽医科大学）

伍红艳（贵阳医学院）

刘茂柏（福建医科大学附属协和医院）

刘国祥（哈尔滨医科大学）

孙利华（沈阳药科大学）

李　歆（南京医科大学）

张　方（沈阳药科大学）

宗　欣（国家食品药品监督管理总局信息中心）

钟　丽（海南医学院）

熊季霞（南京中医药大学）

颜久兴（天津医科大学）

人民卫生出版社

图书在版编目（CIP）数据

药物经济学 / 孙利华主编 . —北京：人民卫生出版社，
2014

ISBN 978-7-117-19678-9

Ⅰ．①药… Ⅱ．①孙… Ⅲ．①药物学－卫生经济学－
医学院校－教材 Ⅳ．①F407.7

中国版本图书馆 CIP 数据核字（2014）第 189948 号

| 人卫智网 | www.ipmph.com | 医学教育、学术、考试、健康，购书智慧智能综合服务平台 |
| 人卫官网 | www.pmph.com | 人卫官方资讯发布平台 |

药物经济学

主　　编：孙利华

出版发行：人民卫生出版社（中继线 010-59780011）

地　　址：北京市朝阳区潘家园南里 19 号

邮　　编：100021

E - mail：pmph @ pmph.com

购书热线：010-59787592　010-59787584　010-65264830

印　　刷：北京虎彩文化传播有限公司

经　　销：新华书店

开　　本：787 × 1092　1/16　印张：10

字　　数：243 千字

版　　次：2014 年 9 月第 1 版　2025 年 8 月第 1 版第 10 次印刷

标准书号：ISBN 978-7-117-19678-9

定　　价：21.00 元

打击盗版举报电话：010-59787491　E-mail：WQ @ pmph.com

质量问题联系电话：010-59787234　E-mail：zhiliang @ pmph.com

数字融合服务电话：4001118166　E-mail：zengzhi @ pmph.com

出 版 说 明

随着医药卫生体制改革不断深化，临床药学快速发展，教育教学理念、人才培养模式等正在发生着深刻的变化。为使教材建设跟上教学改革发展步伐，更好地满足当前临床药学专业的教学需求，在广泛调研的基础上，全国高等医药教材建设研究会、人民卫生出版社于2013年5月全面启动了全国高等学校临床药学专业第二轮规划教材的论证、修订与出版工作。

全国高等学校临床药学专业第二轮规划教材充分借鉴国际临床药学教育教学的发展模式，积极吸取近年来全国高等学校临床药学专业取得的教学成果，进一步完善临床药学专业教材体系和教材内容，紧密结合临床药学实践经验，形成了本轮教材的编写特色，具体如下：

（一）切合培养目标需求，突出临床药学专业特色

本套教材作为普通高等学校临床药学专业规划教材，既要确保学生掌握基本理论、基本知识和基本技能，满足本科教学的基本要求，同时又要突出专业特色，紧紧围绕临床药学专业培养目标，以药学、医学及相关社会科学知识为基础，充分整合医药学知识，实现临床知识与药学知识的有机融合，创建具有鲜明临床药学专业特色的教材体系，更好地服务于我国临床药学课程体系，以培养能够正确开展合理用药及药物治疗评估、从事临床药学及相关工作、融药学与医学为一体的综合性和应用型临床药学人才。

（二）注重理论联系实践，实现学校教育与药学临床实践有机衔接

本套教材强调理论联系实践，基础联系临床，特别注重对学生临床药学实践技能的培养。尤其是专业核心课程的编写，如本轮新编的教材《临床药物治疗学各论》，由内、外、妇、儿等临床课程与药物治疗学课程内容整合而成，将临床知识与药物治疗学知识有机融合，同时与国家卫生和计划生育委员会临床药师培训基地的专科要求紧密对接，充分吸收临床药师继续教育工作的宝贵经验，实现学校教育与药学临床实践的有机衔接，为学生在毕业后接受继续教育和规范化培训奠定良好基础。

（三）引入案例与问题的编写形式，强化理论知识与药学临床实践的联系

本套教材特别强调对药学临床实践案例的运用，使教材编写更贴近药学临床实践，将理论知识与岗位实践有机结合。在编写形式上，既有实际案例或问题导入相关知识点的介绍，使得理论知识的介绍不再是空泛的、抽象的阐述，更具针对性、实践性；也有在介绍理论知识后用典型案例进行实证，使学生对于理论内容的理解不再停留在凭空想象，而是源于实践。案例或问题的引入不仅仅是从编写形式上丰富教材的内容，更重要的是进一步

3

加强临床药学教材理论与实践的有机融合。

（四）优化编写团队，搭建院校师资携手临床专家的编写平台

临床药学专业本科教育课程，尤其是专业核心课程的讲授，多采用学校教师与临床一线专家联合授课的形式。因此，本套教材在编写队伍的组建上，不但从全国各高等学校遴选了具有丰富教学经验的一线优秀教师作为编写的骨干力量，同时还吸纳了一大批来自医院的具有丰富实践经验的临床药师和医师参与教材的编写和审定，保障了一线工作岗位上实践技能和实际案例作为教材的内容，确保教材内容贴近临床药学实践。

（五）探索教材数字化转型，适应教学改革与发展需求

本套教材为更好地满足广大师生对教学内容数字化的需求，积极探索教材数字化转型，部分教材配套有网络在线增值服务。网络在线增值服务采用文本、演示文稿、图片、视频等多种形式，收录了无法在教材中体现的授课讲解、拓展知识、实际案例、自测习题、实验实训、操作视频等内容，为广大师生更加便捷、高效的教学提供更加丰富的资源。

本轮规划教材主要涵盖了临床药学专业的核心课程，修订和新编主干教材共计15种（详见全国高等学校临床药学专业第二轮规划教材目录）。其中，《临床药物化学》更名为《药物化学》，内科学基础、外科学总论等临床课程不再单独编写教材，而是将相应内容整合到临床药物治疗学中，按照《临床药物治疗学总论》、《临床药物治疗学各论》进行编写。全套教材将于2014年7月起，由人民卫生出版社陆续出版发行。临床药学专业其他教材与医学、药学类专业教材共用。

本套教材的编写，得到了第二届全国高等学校临床药学专业教材评审委员会专家的热心指导和全国各有关院校与企事业单位骨干教师和一线专家的大力支持和积极参与，在此对有关单位和个人表示衷心的感谢！更期待通过各校的教学使用获得更多的宝贵意见，以便及时更正和修订完善。

全国高等医药教材建设研究会

人民卫生出版社

2014年6月

目 录

说明：本轮规划教材除表中所列修订、新编教材外，还包括了与临床医学、药学专业共用的教材，其中与临床医学专业共用的教材有《病理学》、《病理生理学》、《医学遗传学》、《医学伦理学》；与药学专业共用的教材有《高等数学》、《物理学》、《有机化学》、《分析化学》、《生物化学》、《药学分子生物学》、《微生物与免疫学》、《人体解剖生理学》、《药理学》、《药事管理学》、《药物毒理学》、《药物分析》。

　　★为教材有网络增值服务。

胡　欣　北京医院

徐群为　南京医科大学

高　申　第二军医大学

梅　丹　北京协和医院

崔一民　北京大学第一医院

韩　英　第四军医大学附属西京医院

甄健存　北京积水潭医院

蔡卫民　复旦大学药学院

魏敏杰　中国医科大学

前　言

　　药品是全球公认的特殊商品。合理用药是世界各国在药品使用环节中所追求的共同目标，也是临床药学的主要目标和内容。用药安全、有效、经济、适当是合理用药的四大要素。药品的特殊性决定了实现用药安全性、有效性和适当性的必要性和重要性，医药资源的有限性同样决定了实现用药经济性的必要性和重要性。经济性是实现合理用药的客观需求，且经济的内涵并非单纯指干预方案的成本最小或价格最低，也不是干预方案的收益最大或效果最佳，而是基于对干预方案的成本和收益的综合考虑和比较而得出的判定，力求以尽可能少的成本获得尽可能多且满足临床需要的收益。药物经济学能够从经济性角度为合理用药提供科学依据。

　　药物经济学研究内容广泛，药物经济学评价是其最为基础和基本的研究内容，也是国内外药物经济学研究与应用最为广泛的内容，更是药物经济学研究范畴中与临床药学关系最为紧密的内容。本书以成本和收益的识别、计量和比较为主线，力求通俗易懂、深入浅出地介绍药物经济学评价的基本概念和方法，不同类型干预方案的经济评价与选优方法、成本和收益数据的获取与分析方法，以及预算影响分析。本书是在反映学科的新发展、博采国内外众多相关资料之长的基础上，突出临床药学专业的特点与需要并结合所有编者教学与科研的实践经验和成果而完成的。

　　全书共分为八章，基本分工如下：沈阳药科大学孙利华教授负责编写第一章和第四章；安徽医科大学吕雄文教授负责编写第二章；福建医科大学附属协和医院刘茂柏教授负责编写第三章的第二节；贵阳医学院伍红艳副教授负责编写第三章的第一节和第三节；沈阳药科大学张方副教授负责编写第五章的第一节和第二节，国家食品药品监督管理总局信息中心宗欣博士负责编写第五章的第三节及合作编写第七章的第四节；哈尔滨医科大学刘国祥教授负责编写第六章；南京医科大学李歆副教授负责编写第七章；天津医科大学颜久兴副教授、海南医学院钟丽博士共同负责编写第八章。安徽医科大学解雪峰副教授、沈阳药科大学孙利华教授、南京中医药大学熊季霞副教授、海南医学院钟丽博士、哈尔滨医科大学黄卫东博士分别参加了第二章、第四章和第六章的编写。

　　本书是所有编委共同努力的结果。为保证教材质量，本教材采用了相关章节全部交叉互审的模式，因此几乎每一章都凝聚了其他编委的汗水和智慧。在本书的整个编写过程中，所有编委齐心协力，本着精益求精的原则不厌其烦地多次讨论、修改所负责编写的内容。作为主编，在此对各位编委的努力和付出表示衷心的感谢！本书在编写过程中参阅了大量的国内外相关资料，在此对参考文献的作者一并深表感谢。

　　由于药物经济学尚属处于快速发展中的新兴学科，加之时间仓促，同时限于笔者的知识与能力，教材内容难免有不尽如人意之处及不足之处，诚请各院校老师和同学以及广大读者不吝提出宝贵意见和建议，以便再版时更正。

孙利华
2014 年 6 月

目　录

第一章　绪　论

学习要求

掌握：药物经济学及药物经济学评价的定义。

熟悉：药物经济学的研究内容，药物经济学评价方法及其特点，药物经济学评价原则及步骤。

了解：药物经济学的学科性质与特点，药物经济学的国内外研究与应用概况。

药物经济学是 20 世纪 60 年代萌芽、70 年代迅速发展，并于 20 世纪 80 年代末 90 年代初期间诞生的新兴边缘性应用学科。"药物经济学"一词首次出现于 1986 年，自诞生以来，受到越来越多国家的高度重视，应用日益广泛。近年来，我国政府相关部门也开始重视药物经济学，并在医疗保险药品遴选、基本药物遴选以及药品价格的制定等方面有所规定和尝试。为了使读者对该门新兴学科有一个总体、概要的了解，以便于更好地了解和掌握后续的学习内容，本章主要介绍药物经济学的定义、主要研究内容、研究和应用的必要性、评价的基本原则与步骤、学科性质与特点，以及在国内外的研究与应用概况等。

药物经济学的服务对象广泛，其面向不同服务对象时的研究侧重点不尽相同。鉴于本教材主要用于临床药学专业人员，因此将突出临床药学专业的特点、紧密结合临床药学实践进行药物经济学相关知识点的介绍。

问题

1. 什么是药物经济学？主要研究哪些内容？
2. 为什么要研究和应用药物经济学？药物经济学与临床药学专业有什么关系？
3. 怎样研究药物经济学？

第一节　药物经济学的定义及其主要研究内容

一、药物经济学的定义

资源的稀缺性决定了国家、社会、机构、部门、家庭乃至个人的可支配资源的有限性，进而决定了资源优化配置、高效利用的必要性和重要性。随着全球性医药费用迅猛上涨，支付方负担的加重，如何实现医药资源的优化配置和高效利用成为各国高度重视和迫切需要解决的问题。

药物经济学是应用经济学等相关学科的知识，研究医药领域有关药物资源利用的经济问题和经济规律,研究如何提高药物资源的配置和利用效率,以有限的药物资源实现健康状况最大程度改善的科学。它是一门为医药及其相关决策提供经济学参考依据的应用性学科。

需要注意的是,药物资源有狭义和广义之分。狭义的药物资源是指药品及其使用过程中所必需的医疗产品或服务(例如,注射器及护士的注射服务等)。广义的药物资源则不仅仅包括狭义概念范畴的药物资源,还包括在药品的研究开发、生产、流通、使用过程中所需的人力资源和物质资源,以及技术、资金、时间等。显然,广义的药物资源决定着狭义药物资源的数量和质量,狭义概念的药物资源的稀缺程度随着广义概念的药物资源利用程度的变化而变化,因此更为深入、广泛、能动、有效、合理的药物经济学研究应建立在广义药物资源的概念上。鉴于目前国内外关于药物经济学的研究主要集中在狭义药物资源的层面,药物经济学在临床药学中的应用也集中在此层面,因此本教材的内容将在狭义药物资源的层面上展开。

由药物经济学的定义不难发现:①药物经济学的研究目的是提高药物资源的配置和利用效率,最大限度地发挥药物资源的效用,用有限的药物资源实现健康水平的最大程度改善和提高。药物经济学的上述研究目的,已得到国内外广泛而一致的认同。②药物经济学不是孤立的学科,而是一门与诸多学科紧密相连的应用性学科。它综合运用经济学、药学、流行病学、统计学、计量经济学、伦理学等学科的知识与方法,研究医药领域有关药物资源利用的问题,并服务于药学、药事管理学、临床药学等相关学科,解决应用领域的实际问题。③干预方案符合安全性、有效性要求是进行药物经济学研究与评价的前提。药物经济学研究与评价的最终目的不是单纯地节约医药资源,而是以有限的医药资源实现健康水平最大程度的改善和提高。因此,对安全性、有效性不能满足临床客观需要的干预方案进行经济性评价没有实际意义。

二、药物经济学的主要研究内容

实现药物资源的优化配置和高效利用,涉及医药领域内所有有经济效果要求的方方面面,内容广泛。归纳而言,可以把药物经济学的主要研究内容划分为以下三个方面:

1. 研究药物资源利用的经济效果,对药物资源的利用程度进行评价——药物经济学评价。药物资源的配置和利用的方式通常是实施、作用于人体的诊断、预防或治疗疾病的各种与用药相关的干预项目、措施或方案(本教材将其统称为干预方案)。利用药品或其他手段对某种疾病进行预防、诊断、治疗的干预方案,通常不止一种,且随着医学和药学的发展,可供人们选择的干预方案日益增多。通常把这些能够实现同一预期的可供选择的干预方案称为备选方案。备选方案既包括药物方案也包括非药物方案,且不同的备选方案对药物资源的利用程度不尽相同。实施不同的备选方案所需的投入或成本通常不同,由此获得的产出、收益或预期结果也不尽相同。以较少的投入获得较多预期结果的备选方案是资源利用程度较优的方案。

药物经济学在这一研究领域主要是对备选方案进行评价,从中选择药物资源利用程度最优的方案,为临床用药选择、临床治疗路径选择、药物研发决策、医疗决策以及相关政策等提供依据。在这一研究领域内所研究的问题主要包括:对用于治疗某种疾病的多种药物,选择哪种或哪几种药(联合用药)最经济;某疾病有多种预防或诊治措施可供选择,采用哪种措施最经济；对某种疾病，预防为主还是治疗为主更经济；哪些药物应列入基本药物目录；哪些药物应在医疗保险制度的报销范围之内等。

2. 研究提高药物资源利用程度与利用效率的途径与方法，从深层次上提高药物资源的配置和利用效率。这一研究领域的研究重点是如何从根本上能动地提高药物资源的利用效率。因此，药物经济学要研究在药品的研究开发、生产、流通及使用全过程中提高药物资源利用程度的途径与方法，进而使药物资源利用效率得到根本性的提高；研究如何通过创新推动医药科技进步和管理水平的提高，从而在新的高度和新的层面上更好地实现药物资源的优化配置与利用等。例如，如何利用现代科学技术的方法与手段，提高药物的生物利用度等指标，以及对合理的联合用药的探寻与发现，运用时辰药理学找寻最佳的用药时间等，使有限的药物资源发挥出更大的效用。

3. 研究医药和经济的相互关系，探讨医药与经济相互促进、协调发展的途径。人是最活跃的生产力，经济的发展与人力资源的健康状况密不可分。医药对人力资源的健康状况有着非常重要的作用和影响。从维护人力资源健康角度而言，医药成本是投资。但是，人的社会角色是多样的，抛开生产力从其他角度来看，医药成本又是消费。无论将医药投入视为投资还是消费，医药投入的多少都与经济实力的强弱密切相关。医药投入与经济发展之间存在着相互作用、相互影响、相互制约、相互促进的关系。在这一研究领域，药物经济学研究某一国家用于卫生保健的投入占国民收入的多大比例较为合理；或某一地区用于卫生保健的投入占其财政收入的多大比例较为合理；在卫生保健费用中，药物支出（包括注射费等用药时必不可少的连带费用）所占的合理比例应为多大；针对具体国情，应选择怎样的卫生保健水平和标准，以及选用什么水平的药物等。这些内容的研究，也是预算影响分析所需要的。

在上述三方面的研究内容中，药物经济学评价是药物经济学最为基础和核心的内容，也是目前在世界各国应用最为广泛的内容。基于此，并结合临床药学的特点和需求，本教材的核心与重心将定位于药物经济学评价，也即后续章节的内容将围绕药物经济学评价展开。

第二节　药物经济学的作用及其应用于临床药学的必要性

一、药物经济学的作用

人类社会是不断进步和发展的，人类的欲望和需求是无限的和不断提高的，而用来满足需求的资源（自然资源、人力资源等）却是有限的。这种有限和无限的矛盾构成了全部"经济"问题的关键。经济学将这一矛盾现象称为稀缺性。稀缺性，是指资源和物品相对于无限的人类欲望的有限性。稀缺性不是指物品或资源的绝对数量的多少，而是指相对于人类欲望的无限性来说，再多的物品和资源也是不足的。稀缺性存在于一切时代和一切社会。随着人类欲望的不断增加，以及挖掘、利用资源的手段和方法日益改进，资源的稀缺性问题逐渐凸显。资源的稀缺性决定了一个国家、地区、组织、个人以及各行业、各领域所能利用的资源是有限的，增加了用于满足某种需求的资源投入，就意味着减少了用于满足其他需求的资源可用量。同一种物品或资源往往具有多种用途，人类的欲望也有轻重缓急之分，因此，在用有限的物品或资源去满足人们的不同欲望与需求时就必须做出选择，以使有限的物品或资源发挥出最大的效用，尽可能多、尽可能好地满足人们的欲望与需求。稀缺性的客观存在，引起了经济上的种种问题，使得如何优化配置和高效利用有限的资源成为国家、组织、个人所必须面对的问题。

药品是社会发展及人类预防和诊治疾病不可缺少的重要物质资源。全社会资源的稀缺性决定了可用于药品的研究开发、生产、流通和使用过程中的物质资源及技术、资金、人员、时间等的有限性，进而决定了可供人们选择和使用的药品的品种、质量和数量是有限的。随着社会的进步、经济的发展和科学技术水平的提高，人们对自身健康水平的期望与需求不断提高。相对于人们对生命质量及健康水平需求的无限性而言，用于满足这种需求的药物资源却是有限的，也即药物资源具有稀缺性特征。随着新药研究开发所需投入的技术、资金、人员、时间等的大幅度增多及开发难度的不断加大，以及医药支出的不断上涨等，上述药物资源的"有限"和人们对生命质量、健康水平需求的"无限"之间的矛盾也随之日益突出。与药品相关的干预方案的经济合理性日益受到费用支付方的普遍关注，各国政府、组织及个人都试图将不断上涨的医药开支控制在社会、组织和个人可以承受的限度之内。因此，如何合理地配置药物资源、提高药物资源的使用效率，使有限的药物资源最大程度地提高生命质量、产出最大化的健康效果，是世界各国所面临的日益突出而重要的共同问题。

药物经济学正是研究人们对健康水平需求的无限性与药物资源的有限性这种矛盾现象与问题，为药物资源的优化配置和高效利用提供科学依据的一门新兴学科。药物经济学研究与评价能够为政府部门、组织机构和个人等的与医药相关的决策和选择提供科学依据，从而促进药物资源的优化配置和高效利用。从较为宏观的层面看，主要作用如下。

（一）对医药行业的作用

1.为药物研究开发决策提供依据 药物研究开发包括新药的研制和老药的改进。新药的研究开发工作是一项投资大、风险高、周期长的系统工程，具有全球公认的"三高一长"（高技术、高投入、高风险、周期长）的突出特征。新药研究开发所需投入多、成本高、周期长、风险大，使其决策的正确性与否显得尤为关键。药物经济学评价可在药物漫长的研发过程中及早判定药物的经济性，从而尽早做出继续或退出研究开发工作的决策，使新药研发可能遭受的损失降至最小。此外，药物经济学研究可以为药物研究开发工作指明方向，指导药物研究开发工作在实现药品的安全性、有效性的同时考虑其经济性，使药物研究开发决策更加科学，药物研究开发更加经济、合理。

2.促进医药企业的健康发展 在满足安全性、有效性要求的基础上，药品的经济性正日益成为决定药品能否得到广泛使用的重要因素。药品经济性的好与差，取决于药品的寿命周期成本及药品的疗效。所谓药品的寿命周期成本，是指药品从研究开发、生产、流通、使用直至使用后各环节所需投入的全部成本，既包括我们所熟悉的药品研究开发、生产、流通成本，也包括药品使用过程中所必须发生的成本（如注射剂的注射成本等），还包括药品使用后所可能引起的不良反应的成本。药品的经济性要求，将推动医药企业不断地探寻降低药品寿命周期成本（如选择经济合理的剂型、减少药物不良反应、降低生产经营成本、减少医护人员的监护成本等）、提高药品疗效的途径与方法，从而使医药企业在药品的研究开发、生产和流通领域不断提高技术水平和管理水平，促进医药企业的长足发展。

3.为制定药品政策提供依据 发展中国家有关药品的政策措施主要是以世界卫生组

织倡导的基本药物概念为核心建立的国家药品政策体系,其框架主要包括法律与法规、基本药物的选择及供给与合理使用、药品经济策略、人力资源发展、检测与评价机制等,具体表现为基本药物目录、药品报销目录及药品价格政策等相关政策。一国制定药品政策的目的在于保障其国民对药品的公平可及性与持续性,促进药品的合理使用及控制药品费用的合理增长。把药物经济学研究与评价结果用于指导医药政策的制定,将起到其他方法所无法比拟的重大作用。从药物经济学的定义及研究范畴可知,药物经济学研究与评价能为科学合理地制定药品政策提供决策依据。事实也充分证明了仅仅依据药品的安全性和有效性或单纯地依据成本来制定药品政策都不能很好地实现药品政策的目的,科学、合理、有效的药品政策的制定有赖于参考药物经济学研究与评价结果。

(二)对医疗卫生行业的作用

1. 为医疗决策提供依据 随着医学和药学的不断发展以及医药科技水平的不断提高,临床上用于治疗某一疾病可供选择的药品品种、规格、剂型以及相应的治疗方法与手段等越来越多,而不同品种、不同规格或不同剂型的药品以及不同的治疗方法与手段往往具有不同的价格、不同的治疗成本和不尽相同的治疗效果,药物经济学研究与评价能够帮助医生或临床药师经济合理地选择药品、治疗方法、治疗手段等。

2. 促进医疗机构的健康发展 药品的使用通常伴随着或多或少的医疗服务。不同的医疗服务提供者(医院、医生等)所提供的相同种类的医疗服务的成本通常不同,而不同的医疗服务成本将影响干预方案的经济性。因此,医疗服务成本的高低是决定医疗机构在日益剧烈的竞争中能否占据优势地位的关键要素之一。开展药物经济学研究与评价工作,能够促进医疗机构不断地加强管理,在保证和提高医疗水平的同时不断地提高医疗服务的经济性,从而促进医疗机构不断地健康发展。

3. 为制定卫生决策提供依据 卫生决策直接关系到医药卫生资源的配置与利用效率,因此世界各国都对卫生决策的科学、合理性给予越来越多的重视。药物经济学研究与评价能为科学、合理的卫生决策提供参考依据,帮助决策部门科学、经济、合理地制定相关政策。例如,定点医院的合理选择、营利性和非营利性医院的合理确定以及对非营利性医院合理补偿幅度的确定等,都有赖于药物经济学研究与评价。此外,药物经济学研究与评价还能够为国家、组织和个人之间的利益调整提供参考依据。

(三)对人类社会的作用

1. 有利于人群整体健康效果的改善与提高 受伦理学生命至上观念的影响,世界各国对药物进行评价的传统指标曾一度仅限于安全性和有效性两大方面,医疗必需和社会责任也曾一度成为卫生决策的理论依据。然而,事实上医药资源是稀缺的、有限的,世界各国对医药开支的经济承受力也是有限的,这意味着医药资源并不能充分满足所有的医疗必需。因此,在医药资源有限的情况下,采用上述评价指标和决策依据的结果常常是一些人过分消费药物资源,而另一些人却得不到最为必须且基本的药物资源。也即一部分人的医药需求得到较好的满足,而另一部分人的医药需求却得不到基本的满足。医疗卫生保健的公平性与可及性的实现程度较低。因此,传统的评价指标和决策依据并不能较好地满足人群整体的医药需求,也无法使生命至上真正落到实处。只有同时全面考虑安全性、有效性和经济性,才能使所做的评价与决策真正符合伦理学要求,同时有利于人类的生存、繁衍和社会的不断进步。药物经济学研究与评价有助于医药需求被经济、合理地满足,从而使有限的医药资源能较好地满足更多人的医药需求,提高医疗卫生保健的公平性与可及性的实现程度,使人群整体的健康效果得到最大程度的改善和提高。

2．**促进医药经济与国民经济协调发展**　医药投入可以被看作对人力资源的投资,它所产生的对人们健康状况的改善和提高对社会经济的发展至关重要。医药经济和国民经济之间具有相互依赖、相互影响和相互作用的关系。用于医药投资的资金可用量的多少受国家经济的发展水平和综合国力的影响,同时,医药投入的多少又反过来影响人力资源的健康水平并进而影响国家经济发展水平和综合国力。因此,只有用于医药的投入占整个国民经济的比例合理时才有助于医药经济与国民经济协调发展。药物经济学研究能够为这一合理比例的确定提供依据。

3．**提高药品使用的合理性**　合理用药包含两方面含义:一方面是指从全社会角度,如何优化配置、高效利用有限的药物资源;另一方面是指如何使具体的消费者安全、有效、经济、适当地使用药物。合理用药既关系到医药资源的使用效率,又关系到人民健康等其他很多方面,因此是备受世界各国关注的问题。发展中国家在合理用药方面存在的问题较多,我国不合理用药的现象十分普遍。药物经济学研究与评价能够为合理用药提供科学的参考依据,提高全社会的合理用药水平。

从国内外的实践来看,药物经济学具体作用的发挥主要表现为以下几方面:为新药审批提供参考;为药物研究开发决策提供依据;为药品的合理定价提供依据;为基本药物及报销药物的遴选提供依据;为合理用药提供依据;为医疗决策提供依据;为制定药品政策提供依据。

二、药物经济学与临床药学的关系

药物经济学与临床药学之间具有紧密的联系,存在着相互支持、相互促进的关系。一方面,药物经济学是应用性学科,其研究目的的良好实现离不开相关政策的规范与指导,离不开药品研究开发、生产、流通、使用各环节人员的努力,这其中必然包括日益庞大的临床药学专业人员队伍。可见,药物经济学的发展需要临床药学的推动。另一方面,临床药学是一门以合理用药为己任的学科,而合理用药是指安全、有效、经济、适当地使用药物。经济性是合理用药的关键要素之一,开展药物评价和药物利用研究是临床药师的主要职责和工作内容之一。无论是保证和促进合理用药水平的提升,还是临床药师职责和工作内容的需要,都离不开药物经济学。

三、药物经济学应用于临床药学的必要性

药物经济学在临床药学中的作用及其应用的必要性主要体现在理论和实践两个层面。

(一)基于理论视角的必要性

药品是全球公认的特殊商品。合理用药是世界各国在药品使用环节所追求的共同目标,也是临床药学的主要目标和内容。用药安全、有效、经济、适当是合理用药的四大要素。药品的特殊性决定了实现用药的安全性、有效性和适当性的必要性和重要性,医药资源的有限性同样决定了实现用药经济性的必要性和重要性。经济性是实现合理用药的客观需求,且经济的内涵并非单纯的指干预方案的成本最小或价格最低,也不是干预方案的收益最大或效果最佳,而是基于对干预方案的成本和收益的综合考虑和比较而得出的判定,力

求以尽可能少的成本获得尽可能多且满足临床需要的收益。药物经济学能够从经济性角度为合理用药提供科学依据。

（二）基于实践视角的必要性

世界各国在过去相当长时期内仅对用药的安全性、有效性给予了高度重视，而对用药经济性的认识和重视不足，由此导致了诸多发达国家自 20 世纪 70 年代前后出现了医药费用迅猛上涨的态势，我国医药费用自 20 世纪 90 年代前后开始也呈现此态势。国内外的实践均表明，仅仅关注和重视用药的安全性、有效性不足以保证和促进合理用药目标的良好实现，合理用药中的经济性要素不容忽视，为其提供依据的药物经济学不可或缺。

我国是发展中国家，又是人口大国，经济实力有限。虽然资源总量位居世界排名的前列，但人均资源相对较少，矿产、耕地、水、森林资源蓄积量分别是世界人均占有量的 1/2、1/3、1/4 和 1/10，人均医药卫生资源可用量远低于发达国家，国民收入中可用于医药卫生的绝对额和相对额与发达国家相比都存在较大的差距，但人们对生命质量和健康水平的需求却不亚于发达国家。因此，用有限的药物资源满足人们日益提高的医药需求之间的矛盾更加突出，用药物经济学指导我国的临床药学实践就变得更为紧迫、重要和必要。

综上可见，学习一些药物经济学知识，树立经济观念和意识，用药物经济学研究与评价结果指导与临床药学相关的工作，无论对提升临床药学人员自身业务水平还是提高合理用药水平都是十分必要的。这也是社会进步和发展对临床药学工作人员新的要求。

第三节 药物经济学评价

药物经济学评价研究药物资源利用的经济效果，对药物资源的利用程度进行评价。药物经济学评价是药物经济学最为基础和核心的内容，也是药物经济学与临床药学之间关系最为紧密的内容。

一、药物经济学评价的定义

药物经济学评价属于经济学评价范畴。药物经济学评价是公共领域的经济评价原则与方法在医药这一特定领域的应用。在公共领域的经济性评价中，对一项活动或项目的考察和分析主要从两方面进行：一是成本，二是收益。成本（cost）是为达成一事或获得一物所必须付出或已经付出的代价，通常以货币形式进行计量。收益（profit）是指有利的或有益的结果（并不是活动或项目所产生的全部结果，而是其中所期望的结果）。经济性评价就是对备选方案的成本和收益进行识别、计量和比较，并据此判定备选方案的经济性。

虽然药物经济学评价面临着不同于一般领域的诸多医药领域的特色，但它毕竟隶属于经济评价范畴，是建立在公共领域经济评价理论和方法的基础上并结合医疗领域特殊性而发展起来的，与公共领域的经济评价存在着必然的内在联系以及诸多的共同或相似之处。因此，药物经济学评价的定义可描述为——是对与药物相关的干预方案的成本（资源消耗）及其收益（临床的、经济的、社会的、人道主义的等）进行识别、计量和比较。干预方案的成本通常以货币计量，收益则并不都能够以货币计量（如健康水平的不同程度恢复、挽救的生命等）。依据收益的不同计量方式而将其分为效益、效果和效用三种表现形式，其中，效益是以货币计量的收益，效果是以临床治疗结果计量的收益，效用是以满意度或偏好计量的收益。

成本和收益是进行药物经济学评价的两大关键要素、没有成本、收益数据就无法实现对干预方案经济性的评价与比较。成本的识别与计量是药物经济学研究与评价的最基本内容,其中成本研究也是疾病经济负担研究的基础。成本、收益的概念及其识别与计量的准确、合理与否,直接关系到药物经济学研究与评价结果的准确性、合理性。与公共经济评价领域相比,药物经济学评价中的成本和收益表现出较多的特点,其中收益所表现的特点尤为突出。在成本的识别与计量中,疾病治疗成本、疾病自身成本、误工成本以及形式多样的无形成本的识别与计量等需要评价人员给予足够的重视;在收益计量中,效果和效用的计量方法是健康领域所特有的反映干预方案收益的指标。有关成本、收益的具体内容详见本教材第二章"成本的识别与计量"和第三章"收益的识别与计量"。

二、药物经济学评价方法及其特点

(一)药物经济学评价方法

与收益的不同计量方式相对应,药物经济学评价常用方法包括成本 - 效益分析(cost-benefit analysis,CBA)、成本 - 效果分析(cost-effectiveness analysis,CEA)、成本 - 效用分析(cost-utility analysis,CUA),以及最小成本分析(cost-minimization analysis,CMA)。这些方法源自公共经济评价领域的评价指标及方法。

药物经济学评价常用方法的成本和收益计量单位如表 1-1 所示。有关药物经济学评价方法的具体介绍详见本教材第四章"成本收益的比较——药物经济学评价方法"。

表1-1 药物经济学评价方法

评价方法	成本计量单位	收益计量单位
成本 - 效益分析	货币	货币
成本 - 效果分析	货币	临床效果指标(如挽救的生命数、治愈的病例数、血压降低值等)
成本 - 效用分析	货币	质量调整生命年或其他单位
最小成本分析	货币	被比较方案收益相同或相等

(二)药物经济学评价方法的特点

公共经济学评价领域的评价指标常用的有三种类型(详见本教材第四章"成本与收益的比较——药物经济学评价方法"),药物经济学评价方法则主要源自其中比率性指标类型中的成本 - 收益比指标,且有着不同于该指标在公共经济学评价领域的表现形式,因此表现出值得注意的以下特点。

1. 需要更加广泛地运用增量分析法 成本 - 效益分析、成本 - 效果分析、成本 - 效用分析均来自公共经济学评价领域中成本 - 收益比指标,属于比率性指标。用于评价和比较多个(两个及以上)干预方案的经济性时,单纯依据每个干预方案自身的成本 - 收益比值的大小进行经济性的优劣比较难以保证得出正确的结果,因此必须使用增量分析法。临床药学实践中所面临的通常是在多个可供选择干预方案中进行比选,因此增量分析法将在药物经济学评价领域得到更加广泛的运用。

增量分析法也叫差额分析法,该方法通过对不同的备选方案在各个相应时点上所发生的对应金额(资金流入或资金流出,也叫现金流入或现金流出)或非货币化计量的收益的差额进行分析,进而比较构成这一差额的两个方案的经济性。

增量分析法的步骤如下:

(1)按照投资额(或成本额)由小到大的顺序将备选方案排序。

(2)判断最低投资额(或成本额)方案的经济性。只有投资额(或成本额)较低的方案是经济的,投资额(或成本额)较高的相邻方案才可以与之构成差额并进行分析。

(3)如果差额投资(或成本额)是经济的,则构成此差额的两个方案中,投资额(或成本额)较高的方案的经济性优于投资额(或成本额)较低的方案;反之,则投资额(或成本额)较低的方案经济。

2.部分指标的表现形式与客观上的内涵要求不统一 效益、效果和效用是计量收益的不同方式和方法。在目前的药物经济学评价工作中,对于常用评价方法——成本 - 效益分析、成本 - 效果分析、成本 - 效用分析中的成本与收益(效益、效果和效用)之比,采用成本比收益(成本/收益)、还是收益比成本(收益/成本),尚没有规范性要求与规定。目前较为常见的做法是:与公共经济学评价领域相同的成本 - 效益分析采用"效益/成本";与公共经济学评价领域不同的成本 - 效果分析和成本 - 效用分析采用"成本/效果"、"成本/效用"(详见本教材第四章第三节、第四节)。

收益比成本形式,即"效益/成本",是公共经济学评价领域所共同采用的指标形式。其经济含义是单位成本所能获得效益的多少。采用这一指标的适宜假设与前提及评价比较的原则是:药物资源是有限的、稀缺的,有限的药物资源优先用于"效益/成本"值大的方案才能充分发挥其应有作用,实现最优配置和最佳利用。简单地说,"效益/成本"指标所反映的经济含义是:药物资源有限,将其"用于哪儿?怎么用?"才能获得最大化的健康收益。

成本比收益(成本/收益)的经济含义是获得单位收益(效果或效用)所需支付的成本额。采用这一指标的适宜假设与前提及进行评价比较的原则是:取得一定的健康效果,需要对众多备选方案进行选择,只有选择"成本/效益"值最小的方案去实现既定的健康效果才最为经济。简单地说,"效益 - 成本"比指标所反映的经济含义是:想要达到的健康效果既定,如何实现之才最为经济。

虽然"成本/收益"与"收益/成本"这两个指标只是分子、分母互为颠倒,似乎并不影响实际的评价和比较,但是这两个指标所蕴含的经济意义是不同的。从药物经济学的研究目的来看,显然"收益/成本"指标更为科学、合理,也即效益/成本、效果/成本、效用/成本更为合理。

3.主要评价方法无自身内生的经济性判定标准 进行经济评价需要有科学合理的评价指标,以及依据评价指标的取值情况对所评价项目的经济性予以判定的标准(即经济性判定标准)。

药物经济学评价中的成本 - 效益分析所采用的是与公共经济评价领域完全一致的指标——效益/成本(B/C),由于其中的成本和效益都以货币形式予以计量,因此,该指标本身存在内生的经济性判定标准,即只要 B/C≥1,则表明方案的总收益大于或等于方案的总成本,实施该方案是经济的;反之,则不经济。正是有了这一判定标准,才能够运用效益/成本(B/C)指标实现对单一或多个干预方案的经济性的判定和比较。

药物经济学评价中所采用的与公共领域经济评价不同的评价方法——成本 - 效果分析

和成本-效用分析,其效果或效用的计量方式及计量单位(非货币化计量)与成本的计量方式及计量单位(货币化计量)不同,因此不存在类似于"B/C≥1"的客观的、内生于指标自身的判定经济性的标准,只能人为地、外在地给出判定经济性的标准,这是其方法自身所存在的缺陷与不足。既人为地、外在地,又客观地、合理地给出判定经济性的标准(称其为"成本-效果阈值"或"成本-效用阈值",简称为"阈值")是目前运用成本-效果分析和成本-效用分析所面临的主要问题,也是药物经济学所面临的来自其评价方法本身的挑战。

三、药物经济学评价的原则与步骤

(一)药物经济学评价的原则

1. 药物经济学评价应遵循的总的原则 药物经济学评价通过对干预方案的经济性进行评价与比较,选择经济性较好的方案予以实施,这意味着每个干预方案都有可能成为最终被选取和实施的方案。因此,每个干预方案首先必须符合国家的有关法律、规章和规定;其次,必须符合临床对有效性、安全性的要求;第三,必须符合伦理、道德等相关方面的要求。符合上述要求的方案可称其为可行方案,只有可行方案才具备参与药物经济学评价的资格。

在进行药物经济学评价之前,应首先识别并去除不可行方案,这是进行药物经济学评价应遵循的总的原则。

在药物经济学评价中,所要评价的干预方案通常不止一个,而是多个。一般情况下,所研究问题的性质不同,用于解决问题的各个干预方案之间的关系往往也不同。干预方案之间的关系不同,进行经济评价的特点、比选要求及评价方法等也随之而异。因此,在进行药物经济学评价时,应首先判明干预方案之间的关系。干预方案之间常见的关系有三类:独立关系、互斥关系和相关关系(详见本教材第五章)。药物经济学评价中,无论干预方案间的关系属于上述哪一种,所有干预方案都必须符合药物经济学评价总的原则。

2. 药物经济学评价应遵循的比较原则 在药物经济学评价中,互斥方案的评价选优是最为常见的一种类型。互斥方案经济评价的特点决定了参加比选的方案应具有可比性。因此,对互斥方案进行药物经济学评价与比较时,在符合药物经济学评价总的原则的前提下,还需满足下列可比条件(即比较原则):

(1)评价观点的可比性:不同的利益主体(如患者、医院、保险公司、全社会等)有不同的评价立场、评价角度和评价观点。从不同的立场、角度和观点进行药物经济学研究与评价,其评价目的和内容、成本和收益的识别原则与计量方法也随之有所不同,由此导致药物经济学评价结果不具有可比性。因此,进行药物经济学评价时,首先须将被比较方案置于同一评价立场和评价观点下进行研究和比较,以确保成本和收益的性质、范围相同,干预方案的药物经济学评价结果具有可比性。

(2)研究条件的可比性:药物经济学研究与评价中所用的数据和资料通常是由样本情况进行推测而得。即通常是在患有相同的某种疾病的人群中抽取一部分患者作为样本,将干预方案实施于样本,收集相应的成本、收益数据与资料,将所收集的样本的数据、资料推而广之,用作全部同病患者所采用的同一干预方案经济评价的基础数据和资料。这种根据样本来推测总体的方法,应用于多种领域。

样本研究的结论通常因研究条件的不同而不同,在某一特定的研究条件下进行的样本研究所得的结论,在另一种研究或应用条件下可能不成立或存在显著差异。此外,在药物经济学研究中,各种干预方案的作用对象是人体,而人与人之间个体差异的客观存在,导致不同的人体对同一干预方案或相同的药物往往会表现出较大的差异。个体差异使得所收集的数据和资料对药物经济学的研究条件和研究方法表现出更强的敏感性,从而使得由样本研究来推测总体的方法在药物经济学研究中的应用难度远远大于其在工业产品等其他方面的应用,且所表现的推测本身所固有的近似性和随机性也更为突出。因此,药物经济学研究应在规范的研究条件下进行,并在药物经济学研究的设计中最大限度地降低个体差异因素的影响,以确保评价结果具有可比性。

(3)满足需要上的可比性:如果不同的干预方案都能够满足相同的需要,且满足程度相同,也即程度相同地实现某一特定的预防或诊治目标(如挽救生命、治愈疾病、阻止疾病进程等),则称这些方案能够满足相同的需要,具有可比性。

方案间是否具有满足需要上的可比性取决于预期目标。例如,当预期目标是安全、有效、经济地预防某种疾病(如小儿脊髓灰质炎)时,能够达到该预期目标的多个不同的预防及强化措施之间就具有了满足需要上的可比性,而这些措施与安全、有效、经济地预防其他疾病(如乙肝)的措施则不具有可比性;但是,当所要达到的目标是使有限的预防资金达到最为经济合理的总体预防效果时,则预防不同疾病的措施之间就具有满足需要上的可比性。

(4)满足时间上的可比性:首先,实施不同的干预方案所需的时间往往不同,所需时间不同的具有互斥关系的干预方案不具有直接可比性,需要采用相等的分析计算期进行比较。通常以所有干预方案中诊治时间最长的时间作为评价各个干预方案经济性的分析计算期,计算不同干预方案在此期间的成本和收益数据。如果仅仅计入干预方案各自诊治时间内的收益和成本,则忽略了诊治时间较短的干预方案因节约了诊治时间而存在的成本和收益方面的优势(这种优势是客观存在的,对方案的经济性存在着客观实际的影响)或诊治时间较长的干预方案在成本和收益方面的劣势,最终影响干预方案的经济性评价和比较的结果。

其次,时间上的可比性还表现为对成本、收益等指标进行绝对量大小的比较时,要求被比较的指标值处于相同的时间点(简称时点)。不同时点的成本、收益不具有直接可比性,需要进行贴现使之等值折算到相同时点后再进行比较。关于贴现的内容详见本教材第二章"成本的识别与计量"。

最后,时间上的可比性还表现为应客观认识不同时期的通货膨胀因素对成本、收益等指标所产生的影响。为突出药物经济学的重点与核心内容,同时参照公共经济评价领域的通常做法以及国内外药物经济学教材的相关内容,本教材所介绍的内容除特别提及外均忽略通货膨胀因素的影响。

(二)药物经济学评价的步骤

科学合理的药物经济学评价需要遵循一定的步骤来完成。药物经济学评价的主要步骤如下:

1. 明确问题及其预期目标 明确所要评价或解决的问题,以及通过评价或解决问题所要达成的预期目标。目标决定着所研究问题的边界和范畴。

2. 明确评价的服务对象 药物经济学评价的服务对象广泛多样,包括一切对药物资源的配置和利用有经济性要求的组织和个人，如政府管理或决策部门（药品审评部门、药品价格制定部门、药品报销目录的制定及医疗保障基金管理部门、基本药物的遴选部门等）、医疗服务提供者（医疗机构或医生）、承办医疗保险业务的保险公司、医药企业和患者等。进行药物经济学评价必须明确服务对象，也即明确评价立场和观点是基于全社会的、保险公司的、医生的还是患者及其家属的，等等。不同的服务对象所追求的目标或所希望达成的目的往往不同，识别和计量成本及收益的原则和标准也就不同。因此，如果从不同的服务对象角度出发，即使是对同一干预方案进行评价所得的结论往往也会不同。

3. 确定拟进行评价或比较的干预方案　理论上需要找出可用于解决某特定问题的所有可能的干预方案，但实际中通常难以由同一个评价主体完成对所有干预方案的评价和比较，因此可视评价和比较的目的确定拟进行评价或比较的干预方案。

4. 选择适宜的评价指标和评价方法　评价时所用的评价方法和评价指标应与所要解决的问题相适宜。不同的评价方法和指标类型具有不同的特点和适用条件，因此所要解决的问题不同，所选用的适宜评价方法和指标类型通常也随之而异。

5. 识别并计量成本和收益　从已确定的药物经济学评价服务对象的角度，按照成本、收益的识别原则和计量方法对成本和收益进行识别、计量。

6. 比较成本和收益　运用所选择的评价指标和方法求算经济评价指标值，并依据所做评价的具体情况对所得结果加以必要的论述和分析，在备选方案中选出经济性好的方案，为决策提供依据和参考。

7. 进行不确定性分析　药物经济学评价过程中所用的数据不是干预方案真正实施于总体后的实际数据，而是干预方案实施于样本甚至是基于样本运用模型模拟而得的数据。无论是成本还是收益，由于影响其数据大小的因素是多方面的，且这些因素未来的变化均具有程度不同的不确定性，加上研究条件的差异及患者的个体差异等因素的作用，以及有赖于药物经济学研究设计是否科学、合理的样本数据本身的代表性、真实性和可靠性等，所有这些影响都可能导致样本数据与总体实际发生的数据之间存在偏差，从而可能导致评价结论偏倚或错误，最终可能造成相关决策的失误。

不确定性分析帮助人们了解各种影响因素可能的变化，以及这些因素发生变化时对干预方案经济性的影响程度，帮助人们提高决策的科学性，尽可能地降低决策失误的风险和损失。不确定性分析是药物经济学评价不可缺少的组成部分，其具体内容介绍详见本教材第七章"不确定性分析"。

四、成本及收益数据的获取

药物经济学评价离不开成本和收益数据，成本和收益数据的科学、合理与否直接关系到评价结果的科学合理性。成本和收益数据的获取通常可通过前瞻性或回顾性的研究设计，或混合设计来实现。药物经济学研究与评价所需成本和收益数据的获取及数据分析的相关内容详见本教材第六章。

值得注意的是，药物经济学研究与评价所需的成本和收益等数据及相关资料的收集，常需要投入相当的人力、财力和时间等，因此要注意药物经济学研究与评价本身的经济性，根据实际情况选择投入少、效果好的数据获取途径以及研究与评价方法。此外，不同的利益主体进行药物经济学研究的实际目的不同，为实现药物经济学研究与评价结果的科学性与可靠性,应注意成本和收益数据的计量要尊重事实、实事求是,切忌计量结果出现人为的偏差或倾向性。

五、药物经济学评价指南的重要作用

药物经济学评价是药物经济学的主要研究内容之一。鉴于其服务的对象众多、研究目的和研究角度各不相同,客观上需要一套统一的药物经济学评价标准来确保评价结果与结论的一致性和可比性。这一用于规范药物经济学评价的统一的标准即为药物经济学评价指南。自 1992 年澳大利亚率先制定了其本国的药物经济学评价指南以来,截至目前已有 37 个国家与地区制定了药物经济学评价指南用以规范其药物经济学评价。但由于不同国家或地区的政府管理部门卫生决策观点的不同,其药物经济学评价指南的具体要求也不尽相同,甚至存在较大的差异。

（一）药物经济学评价对干预方案的客观要求

药物经济学评价步骤中的"明确干预方案"要求找出所有可能的备选方案并对其进行评价、比较。因为只有干预方案包括了所有可能的措施或项目,所得的评价结论才可能成为科学决策的最可靠依据。如果仅对全部干预方案中的部分方案进行评价,则所得结论可能误导决策。例如,临床上治疗某种疾病的可供选择的药物或治疗方案总计有 10 个,如果仅对其中的 3 个方案进行评价和比较,则所得的最优方案仅仅是被评价的三个方案中最经济的一个,而不一定是 10 个方案中最经济的那个,如果以此结果作为临床上治疗该种疾病的最佳选择,则可能导致选择和决策失误。

干预方案是否包括了所有可供选择的方案是一个不容忽视的重要问题,它关系到所选择方案的经济性是否切实是最佳的。药物经济学评价不应仅限于对研究者所关心的少数几个方案进行经济评价与选择,而应对已知的全部干预方案进行比较和选择,甚至还应针对某一疾病去构思、创造、发现或发展新的干预方案,这样才能实现对所有可能的(而不是其中的一部分)干预方案的全面评价和比较,确保最终所选择和实施的方案切实最优。此外,按照这种思维方式进行药物经济学实践,可以使药物经济学研究不仅局限于单纯的评估、计算与选择,而是成为一种能动的研究方法。

（二）药物经济学评价指南的重要性

在现实的评价工作中,因各方面条件的限制,常常难以由一个评价主体对所有可能的干预方案进行全面的评价,而通常是由某个评价主体对全部可供选择的干预方案中的一部分进行评价,全部可供选择的干预方案由不同的评价主体分别完成评价工作。为确保不同评价主体所得的评价结论具有可比性,客观上要求各个评价主体必须遵循相同的评价准则、评价方法以及相同的对成本和收益数据的处理方法等。因此,越来越多的国家制定药物经济学评价指南,用以明确药物经济学评价准则,最大限度地提高不同评价人员所进行的各种评价结果之间的可比性。所以说,药物经济学评价指南是切实而广泛地开展药物经济学评价工作所不可缺少的。

第四节 药物经济学的学科性质与特点

了解学科性质与学科特点对学习和应用一门学科的相关知识是十分必要的,对药物经济学这类新兴学科尤为如此。

一、药物经济学的学科性质及其地位与作用

（一）药物经济学的学科性质

药物经济学是一门新兴的、仍处于发展和完善过程中的应用学科，是一门横跨自然科学和社会科学的综合性、边缘学科。药物经济学借用了基本的药学、经济学、药物流行病学、卫生技术评估、统计学、决策学、循证医学、伦理学等相关学科的原理与方法，与诸多学科关系密切。

（二）药物经济学学科的重要地位与作用

药物经济学学科虽然尚属于处在不断发展和完善阶段的新兴学科，但其重要作用已在国内外的实践中得以发挥和体现。具体来讲，药物经济学学科的重要地位与作用主要体现在以下三个方面：

1. 促进了药学与其他学科的交叉、融合和发展，同时也拓展了经济学应用的领域以及药品管理的范畴。

2. 有利于提高医药资源的配置效率和医药决策的科学性，有利于提高药品管理水平。

3. 有利于促进药学的发展。随着药物经济学学科的发展，促使医药领域相关标准和决策的关键要素由传统的安全、有效两大要素转向安全、有效和经济三大要素，这种系统要素的增加，一方面可能会伴随系统"涌现效应"的出现，同时，也对药学的发展提出了新的要求。

二、药物经济学的学科特点

药物经济学具有较为突出的学科特点，具体表现为：综合性强、定量性强、比较性强、预测性强、应用性强。

1. 综合性强　综合性强主要体现在以下两个方面：一方面，药物经济学所研究的问题具有较强的综合性，它所研究的既不是纯经济问题，也不是纯药学或纯医学问题，而是药学、医学和经济学的共同领域。药物经济学研究既涉及各种备选方案的经济效益问题，也涉及备选方案的医学效果问题，还涉及伦理、道德、情感及社会效益等问题。另一方面，药物经济学是一门融合了多种学科于一身的学科，它融入了经济学、决策学、统计学、药学、医学、药物流行病学、伦理学等多种学科，是一门自身理论和方法具有较强综合性的学科。

2. 比较性强　科学、合理的选择和决策通常基于比较，药物经济学评价较为突出地体现了这一点。药物经济学评价过程是对备选方案的比较、选优过程。没有比较就没有药物经济学评价结果。

3. 定量性强　药物经济学评价是药物经济学研究的核心内容之一，而药物经济学评价是通过对备选方案的比较、选优来实现的。这种比较基于对成本和收益的识别和计量，离不开成本和收益的量化数据。虽然对难于计量的成本和收益可能需要附之以定性描述与分析，但总体而言是以定量分析为主。

4. 预测性强　药物经济学研究的预测性特点主要表现为以样本预测总体。通常把研究对象的全体称为总体或母体，组成总体的每个基本单位称为个体。总体中抽出若干个体而组成的集体称为样本（在进行抽样时，样本的选取必须是随机的，即总体中每一个体有同样的机会被选入样本）。样本中所含个体的个数称为样本容量。药物经济学评价所使用的

成本和收益数据通常来自样本，也即对患有某种疾病的部分患者实施备选方案后所获得的数据，以样本的数据及其经济性评价结果来推测总体（该种疾病的全部患者）实施相应方案的经济性。然而，不同的个体即使是在完全相同的情况下实施同一备选方案也可能存在较大的个体差异，因此对样本进行评价所得的结论只能作为对总体实际情况的预测，并不是总体发生的实际情况。

5. 应用性强 药物经济学评价所用的大量基础数据、资料，都是通过对已实践了的方案（采用前瞻性或回顾性研究等方法）的结果进行分析、整理而得。根据这些数据和资料得到相应的评价结论，并依据这些评价结论去指导新的实践。也即药物经济学研究与评价的依据来源于实践，研究与评价的结论用于指导实践。因此，药物经济学研究与实践、实际应用紧密结合，是有着较强实用性的应用科学。所以药物经济学研究必须与实际国情（经济实力、文化背景、用药习惯、政策环境及医药实物的表现方式如剂型等）紧密结合，尤其不能简单地照搬或直接借用其他国家的如贴现率、成本 - 效果阈值、健康效用积分体系等参数、系数，否则就会失去其应有的研究价值与意义。

第五节 药物经济学的国内外研究与应用概况

一、国外的研究与应用概况

（一）国外应用概况

药物经济学于 20 世纪 90 年代初率先在美国、澳大利亚、加拿大等国家得到应用和发展，已引起越来越多的国家的关注和重视，并日益广泛地应用于指导临床合理用药、对多种备选方案进行选择、药品价格的制定、药品报销目录的确定以及医药卫生政策的制定等。

澳大利亚和加拿大自 1993 年率先应用药物经济学研究进行药物报销管理，将药物经济学评价结果列为能否进入《医疗保险用药目录》的 4 项条件之一（另外 3 项分别是安全性、有效性和质量），并将药物经济学评价结果引入药品评审环节予以考虑，这种做法已迅速推广到欧洲部分国家，如荷兰、葡萄牙、芬兰和挪威，这些国家的政府与制药公司协商药物价格时都要间接参考药物经济学研究结果。国外越来越多的大型制药企业已设有药物经济学研究部门，并利用药物经济学研究结果指导新药研究开发，对购药者（政府、医院或个人）提供药物的经济学评价结果；一些药物生产商将药物经济学研究作为药物市场营销的重要手段，在市场营销部门专门设立药物经济学研究组，进行面向政府管理部门和消费者的药物经济学研究。

药物经济学在国外的应用主要体现在以下几个方面：①作为与安全性、有效性和质量同等重要的药品上市的标准（非强制性）；②作为报销决策和纳入基本治疗计划的前提条件；③作为制定药品价格的依据或参考；④为开药决策提供依据；⑤为卫生决策提供依据。

为了规范药物经济学研究与评价，确保药物经济学研究与评价的可操作性和结果的可靠性，世界上已有三十多个国家或地区制定了药物经济学评价准则或指南。其中，最具代表性的两个国家是澳大利亚和加拿大，分别于 1993 年和 1994 年先后制定了本国的《药物经济学研究准则》。其后，英国、德国、意大利等国也制定出了自己的《药物经济学研究准则》或指南。

（二）国外研究概况

近年来，成本-效用分析是国际学术界研究较多且发展最迅速的药物经济学评价技术之一。因成本-效用分析的应用离不开对生命质量和效用的测量和转化，因此关于结果测量的各种量表的开发及其有效性的考察的研究随之广泛开展。此外，与成本-效用分析紧密相关的关于成本-效果阈值确定方法的研究也日益广泛和深入。

近些年，各种模型的运用也成为一个研究热点。许多研究者将新的统计工具、计量模型更深入地应用于药物经济学研究中。例如决策树模型、马尔可夫系列模型（Markov Families）、系统动态和分区模型（System Dynamics and Compartment Models）、代理模拟（Agent-Based Simulations）等都已越来越普遍地应用于药物经济学评价领域，新的模型和技术也日新月异。此外，大数据的开发和利用等也日益备受关注。

知识链接

关于药物经济学的研究与应用的更多信息，可在互联网上获取：

1．国际药物经济学与结果研究协会（International Society for Pharmacoeconomics and Outcomes Research，ISPOR）网站，其网址为 http://www.ispor.org；

2．卫生经济评价数据（Health Economic Evaluation Database，HEED）网站，其网址为 http://www.ohe-heed.com；

3．由法国、德国、英国等欧洲国家的一些咨询公司组成的欧洲卫生保健研究网络，其网址为 http://www.aegisnet.org；

4．ADIS International 网站，其网址为 http://www.adis.com；

5．其他相关网址：http://www.catalyst-health.co.uk；http://www.istahc.org；http://www.ihe.ab.ca；http://www.sbu.se；......

二、国内的研究与应用概况

（一）国内的应用概况

虽然我国人均医药卫生资源可用量远低于发达国家，但是人们对生命质量和健康水平的需求却不亚于发达国家，此国情现状决定了应用药物经济学指导我国的医药实践更为紧迫和重要。然而，我国药物经济学研究与应用起步较晚，始于20世纪90年代。

自2000年以来，刊登在有关杂志上的对临床药物干预方案的评价比较文献呈现出快速增长的态势。虽然在研究的总体设计、评价指标的选择、成本的计量、增量分析与经济性的判断、敏感因素的选择等诸多方面存在着不同程度的问题，研究的总体质量以及对实践的指导作用均有待提高，但快速增长的研究与评价文献反映了国内相关人员对药物经济学的关注度和研究热情的迅速高涨。从所发表论文的研究内容与所采用的方法来看，国内的药物经济学采用成本-效果分析的文献占总量的80%左右，研究方法与国外相比相对单一。运用成本-效果分析进行药物经济学评价客观上需要依据成本-效果阈值作为判定干预方案经济性的标准，且该阈值的确定与本国（地区）的经济、文化、伦理、价值观等具体国情紧密相连，直接借用或照搬国际组织或其他国家（地区）所确定的阈值都不足以科学合理地得出评价结果,而我国直到目前尚未确定该阈值。由此也就不难推断,我国的药物经济学评价真正能够应用于实际并指导实践的尚不多见。

目前,药物经济学在新药评审、药品价格制定及药品报销管理、基本药物遴选、有关的医药卫生政策或决策制定等方面的应用已初见端倪。特别是在基本药物遴选以及医疗保险报销药品的遴选等相关政策和规定中也已明确提出要以药物经济学评价为依据,尽管这些规定因各种原因尚未真正落实,但随着社会各界特别是政府层面对药物经济学重视程度的日益提高,我国药物经济学研究与应用的步伐将日益加快。

(二)国内的研究概况

与其他领域相比,医药领域经济性评价存在较多的特殊性。药物经济学评价中除要考虑经济因素外,还必须更多地考虑人道主义、情感等非经济因素,而这些非经济因素又与价值观和文化背景密切相关。价值观和文化背景的差异,可能会导致对健康结果的测量标准方面存在认识上的差异,进而导致国外确定的成本-效果阈值、贴现率、开发的多种用于测量健康结果产出的量表等并不适合直接应用于我国。因此,药物经济学研究与评价中所需要的诸如成本-效果阈值、贴现率、健康效用积分体系、用于测量健康结果产出的量表等诸多参数、系数与方法等,需要结合本国实际予以确定。我国已有专家、学者开展了这些内容的研究工作,相关部门也应采取促进措施以加快开展对这些关键内容的研究,推动药物经济学评价切实得以应用。

总体而言,随着人们对健康水平需求的日益提高,药物资源的有限性与对药物资源需求的无限性之间的矛盾必将日益突出。为此,社会各界对优化配置和高效利用药物资源的需求势必不断提高,药物经济学研究与评价也必将引起越来越多的国家及各级政府、各个相关组织和个人的重视,必将推动药物经济学得到更迅速的发展和完善。同时,不同学科的更为广泛和深入的融合,将进一步丰富和完善药物经济学的研究手段和研究方法,从而促使药物经济学研究与实践在深度和广度上不断得到扩展,促进药物经济学研究领域及研究内容更为深入和广泛,推动药物经济学进一步发展和完善。总之,药物经济学的发展前景十分广阔,正等待着相关领域研究人员和工作人员的不断开拓。

(孙利华)

思考题

1. 药物经济学的定义、研究目的、主要研究内容是什么?
2. 临床药学专业人员研究和应用药物经济学的必要性有哪些?
3. 什么是药物经济学评价?
4. 药物经济学评价的常用方法及步骤是什么?
5. 药物经济学的学科特点有哪些?

第二章　成本的识别与计量

第一节　成本的定义与分类

一、成本的定义

成本（cost）是经济学中一个非常重要的概念，是指由决策或选择行为带来的资源、物品和劳务的消耗。它是市场竞争和资源合理配置需求下的产物。

药物经济学中的成本是指实施预防、诊断或治疗项目所消耗的资源或所付出的代价。它既不等同于实际支付额，也有别于会计中的成本概念，是指社会在实施某一药物治疗方案或其他治疗方案的整个过程中所投入的全部财力资源、物质资源和人力资源消耗的总和。正确识别和计量成本，对临床合理干预方案的选择、促进合理用药水平的提升及强化医院成本管理均有重要意义。例如，当前医疗保健成本越来越受到人们的关注，无论是药品购买者还是提供者双方都认识到药品成本不仅局限于购买时的价格，还应包括与之相随的调剂、监管和不良反应治疗所带来的成本，这些成本受到药物的药理学及临床应用特性的影响。因此，在考虑不同药物之间的差异性而做出临床治疗方案选择时，除了要考虑药物有效性和安全性方面的差异性外，还要考虑到药物在实际临床应用中的成本差异。

知识链接

不同视角下的成本概念和内涵

成本具有目的性和对象性，在不同的领域中具有不同的概念和内涵。药物经济学中的成本概念和内涵有别于会计中的成本。会计学中的成本是指为达到特定目的而发生的耗费，是对实际发生费用的记录，是按一定对象所归集的费用。其对所发生的费用的计量是依据现行财税制度及实际交易价格，而且各种影响因素的作用是确定的，所得到的成本数据是唯一的。

药物经济学研究中的成本数据，更多的来自预测和估算，多种影响因素的作用是不确定的，更主要的区别还在于从全社会观点出发的药物经济学评价所采用的价格应该是反映所耗费资源实际价值的价格，而这一价格并不总是等同于实际交易价格。

二、成本的分类

药物经济学研究涉及多个方面,如患者、医院、政府、付费方(保险公司)、社会等,从不同的利益角度和使用目的出发对成本进行分类,其内容可表现出不同侧面,统计的内容和计算方法也有所不同。在药物经济学研究中,常将成本分为直接成本、间接成本和隐性成本。另外,按照所发生的成本与医疗服务的相关性可将成本分为医疗成本和非医疗成本;按照成本和卫生服务量产出水平变化之间的关系,成本又可分为固定成本和变动成本等。

(一)直接成本、间接成本和隐性成本

目前,在药物经济学评价领域,对直接成本、间接成本的划分标准不尽相同,以下所介绍的是最常见的划分类型。

1.直接成本(direct cost) 是指在卫生服务过程中与某项医疗服务直接相关、能够直接计入某项服务的成本。例如医疗服务中的检查成本、药品成本、药事服务费以及预防项目中的疫苗成本等。

2.间接成本(indirect cost) 通常是指不能直接计入而需要按一定标准分摊计入各种相关服务项目的成本。间接成本的特点是资源同时被多个(两个或两个以上)项目所使用,无法直接计入其中某一项目中去,例如为多种项目服务的医院行政管理成本、固定资产折旧等。另一方面,为获得医疗服务的交通成本和家属陪护成本、因疾病或治疗造成的时间成本、劳动力损失成本等,也代表某种资源的消耗,一般也界定为间接成本。

3.隐性成本(intangible cost) 与直接成本和间接成本不同,该类成本的发生并不伴随实际资源的消耗,是指患者或其亲友遭受的痛苦、悲伤、抑郁等难以货币化确切表达的成本。它可来自疾病的本身,也可来自于实施疾病干预的卫生服务,如药物不良反应引起的痛苦、抑郁等。在药物经济学中,隐性成本的特点是:真实存在却难以测量,在进行方案选择时需要慎重考虑。

(二)医疗成本和非医疗成本

按照所发生的成本与医疗的相关性而将成本分为医疗成本和非医疗成本。

1.医疗成本(medical cost) 是指实施某预防、诊断或治疗项目所消耗的医疗产品或服务。例如临床诊疗过程中的药品成本、化验成本、手术等治疗成本以及消耗的卫生材料成本等。为了方便计量,医疗成本又可分为直接医疗成本和间接医疗成本(图2-1)。

直接医疗成本:与医药产品或医疗服务直接相关的固定成本和变动成本,可直接计入相应的医药产品或医疗服务项目中。例如:预防接种的疫苗成本、医疗过程中的药品成本、检查成本、防治疾病过程中直接消耗的卫生材料成本和低值易耗品成本等。

间接医疗成本:不能直接计入,需要按一定方法分摊计入各个相关服务项目中的成本。例如:医院的管理成本、固定资产折旧等。

图2-1 直接医疗成本与间接医疗成本

2.非医疗成本(nonmedical cost) 是指实施某预防诊断或治疗项目所消耗的医疗资源以外的其他资源。如患者为到达治疗地点所需负担的交通成本、家人陪护所需的租房成本、患者本人及家属的误工损失等。

（三）固定成本和变动成本

按照成本和卫生服务量之间的关系，成本可分为固定成本和变动成本（图2-2）。

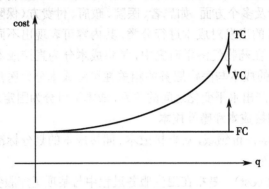

图2-2　固定成本、变动成本与总成本
注：cost：成本，q：产量，TC：总成本，VC：变动成本，FC：固定成本

1. 固定成本（fixed cost）　指在一定的范围和时期内，不受卫生服务量的变化影响而保持不变的成本，它代表即使产量水平为零也必须消耗的那一部分资源。如医疗机构房屋或仪器设备折旧费、行政管理部门办公费、服务人员的固定工资等。

2. 变动成本（variable cost）　指随卫生服务量的多少成正比例变化的成本，如卫生材料成本、药品成本、服务人员的计量工资等。例如，临床药师在进行治疗药物监测（therapeutic drug monitoring，TDM）时使用的高效液相色谱仪的折旧成本，在合理的范围内不随服务量的增减而改变，属于固定成本。如果选用放射免疫分析法或酶联免疫分析法，使用的试剂则随着服务量的增加而消耗，属于变动成本。

区分固定成本和变动成本，在于能使管理者明确成本的计算类型，方便成本的管理，达到使每人次医疗卫生服务的成本降低或最低的目的。固定成本越高或（和）服务人次越少，单位服务量所分摊的固定成本就越多，资源利用率也就越低。因此，提高资源的利用效率、降低每人次的固定成本的主要途径是降低固定成本总额，以及增加服务量（服务人次）。

（四）平均成本、边际成本和机会成本

除了上述成本的划分外，在药物经济学研究中还常常用到以下成本的概念。

1. 边际成本（marginal cost）　指每增加一个单位产出量时，总成本的增加量，因而也称作增量成本（incremental cost）。由于固定成本不随产出量而变化，所以边际成本是每增加一个单位产出量所增加的变动成本。有时，多获得一个单位产出的边际成本可能很低，如我国目前已经建立了比较完善的疫苗使用管理、冷链管理等预防接种管理系统，因疾病发生的情况需求，现在新增一项免疫规划疫苗可以利用已有的设备、人员及管理系统，其边际成本仅为疫苗成本。而其他情况中可能边际成本会很高，如临床清洁手术的手术野为人体无菌部位，手术感染风险很低，如果术前使用广谱抗菌药物，则可能导致这种预防性使用抗菌药物的边际成本会很高。

2. 平均成本（average cost）　是指单位服务量所消耗的成本，即总成本除以总产出量所得的商。平均成本是平均固定成本与平均变动成本之和。

$$平均成本 = \frac{总成本}{产量}$$

在药物经济学研究中常遇到这样的问题，即某方案的治疗平均成本、边际成本和卫生服务量具有一定的关系。当边际成本小于平均成本时，平均成本便随服务量的增加而降低，反之，则增高；当平均成本等于边际成本时，这时所能获得的效益最大，并达到最佳服务量。因此，综合考虑平均成本和边际成本不仅可以帮助决策者选择最优方案，同时也有助于判断方案在一定的成本范围内最经济的服务量（图2-3）。

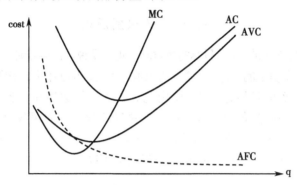

图2-3 平均成本与边际成本

注：cost：成本，q：产量，MC：边际成本，AC：平均成本，AVC：平均变动成本，AFC：平均固定成本。注意：AC=TC/q，ACV=VC/q，AFC=FC/q；同时，AC=AVC+AFC，而MC曲线与AC曲线相交于AC曲线的最低点

3. **机会成本（opportunity cost）** 是指将一种具有多种用途的有限资源置于某种特定用途时，所放弃的置于其他用途时所可能带来的最大收益。例如，市场上有A、B、C、D四种疗效相近的药物可供药房采购，药房根据相关规定只能采购B药，因此每年可收益1万元。如果采购A药则每年可收益1.2万元，采购C药则每年可收益1.1万元，采购D药则每年可收益0.9万元，那么，其中被放弃的最大收益——A药的赢利（1.2万元），便是采购B药的机会成本。

从经济学观点看，当一种资源具有多种用途且具有稀缺性时，那么，所有针对该资源利用的决策或选择产生的成本都可以理解为机会成本。这是因为某种资源如果一旦被利用，就不能再用于其他用途。

知识链接

沉没成本

沉没成本（sunk cost）是指以往发生的与当前决策无关的成本，是已经付出的、无论当前做出何种选择都不能挽回或被回收的成本。例如，某大型医疗设备购入价为10万元，使用6年后，设备估计残值为4.5万元，医疗机构在对此设备进行大修理还是设备更新的方案选择时，原来设备投资与最后估价的差值即为沉没成本，它与设备更新方案的选择无关，是无法由现在或将来的任何决策来改变的成本。

经济学研究中认为：沉没成本是过去的历史，具有理性的决策只能忽视它，即在药物经济学评价或决策过程中，对于沉没成本不予计算和考虑。因此，在成本识别过程中，需要准确识别沉没成本并及时予以剔除。而机会成本和边际成本则是将来要面临的选择，是将来要发生的成本，是药物经济学研究要关注的内容。

第二节　成本的识别

药物经济学研究是涉及面很广的系统工程,成本的识别必须在广泛占有资料的基础上周密分析。

一、成本的识别原则

成本是相对于目标而言的,是对目标的负贡献。也就是说,在实施预防、诊断或治疗项目全过程中,凡是对目标构成负贡献的,就是该项目的成本。因此,明确目标是识别成本的基础和前提。

因为不同服务对象的目标往往不同,由此导致成本的边界和内容不同,因此成本范围的确认需要与所确定的研究角度一致。进行药物经济学评价的服务对象可以是患者、医疗机构、保险公司、政府管理或决策部门等,从不同服务对象的角度出发而进行的药物经济学评价,即使对同一方案而言,其成本识别的结果也会不同。

二、成本的边界划分

成本的边界划分服从于评价目标。药物经济学评价的服务对象不同,所追求的目标就不同,评价中所持观点或所占立场也就不同,所研究与评价的问题的成本边界随之而异。

(一)从医疗机构角度出发的成本

医疗机构的目标是不失医德条件下的自身效益最大化,凡是减少其自身收益或增加其自身成本的就是医疗机构观点下的成本。

从医疗机构角度出发的成本,通常指包括需要由其提供的医疗产品或服务的成本,即医疗成本,包括直接成本(具体指直接医疗成本)和间接成本(具体指间接医疗成本)。通常不包括非医疗成本及无形成本。

(二)从保险公司或医疗保障部门角度出发的成本

保险公司的目标是收取的保险费最大化和自身支出费用最小化的统一,凡是增加公司支出的就是保险公司观点下成本。

医疗保障部门的目标是以有限的保障资金投入,获得尽可能多、尽可能好的被保障群体的健康产出。从保险公司或医疗保障部门角度出发的成本,通常只包括医疗成本中的报销部分,而不包括非医疗成本和无形成本。

(三)从患者角度出发的成本

从患者角度或观点进行药物经济学研究与评价时,患者的目标是用最少的个人支出和无形成本获得最佳预防和诊治结果,成本的边界就是患者及其家庭自身。因此,因病而需要由患者个人及其家庭付出的成本或健康损失都是患者角度下的成本。例如,某疾病的全部诊治成本中的自费部分。从患者角度出发的成本主要包括:由患者个人及其家庭负担的医疗成本、非医疗成本,直接成本、间接成本(如误工成本等)以及无形成本。而由患者个人及其家庭之外付出的成本,如医药费用中的可报销部分、义工护理等,虽然用于患者却无须患者及其家庭支付,因此不是患者角度下的成本。

(四)从全社会角度出发的成本

为国家层面的决策提供依据的药物经济学评价需要采用全社会观点。从全社会角度进行药物经济学研究与评价时,所追求的目标是以有限的全社会药物资源实现国民总体健康结果产出最大化,成本的边界是整个国家。因此凡是因项目或方案而引致的全国社会资源的减少就是成本,既包括患者的自费部分,也包括非自费部分。全社会观点下的药物经济学评价,不论所发生的成本由患者及其家庭、保险公司、政府医疗保障部门负担,还是由国内任何单位或个人的补贴或捐助性质负担,只要耗费了本国的资源就都是该观点下的成本。但是如果成本由国外的组织或个人负担,则因为所耗费的资源来自本国之外,没有减少国内资源可用量,因而不作为该评价观点下的成本。

三、成本识别中需要注意的问题

经济学中的成本识别和界定是一个难题,具有一定的主观性。其关键是依据干预措施的行为或决策去分析识别所有相关的资源耗费或代价,而不仅仅是关注个别被消耗掉的"事物"或付出的"费用"。在保证识别成本的全面性的同时,还要注意成本识别中沉没成本的发现与剔除问题。

(一)注意分析角度不同对成本识别的影响

成本的识别和计量依赖于分析的角度。分析评价角度决定了哪些成本需要包括进来。从不同角度看,某项资源的使用价值不一定能够反映其完整的社会价值。例如,医院提供某项服务的收费可能并不等同于它的实际成本消耗。从医院的角度分析,收费的数额可能大于服务资源的消耗。然而,如果患者必须全部付费的话,从患者的角度看成本则是服务费用的确切反映。因此,从不同的角度去看一项医疗服务干预的经济学影响,其结果是不同的。了解这些差异对于理解决策时采用多种尺度很重要。但是在比较不同干预措施的成本时,采用相似的角度进行经济学分析是十分重要的。为了实现医药资源的优化配置,客观上要求采用全社会的角度进行成本的识别和计量。

全社会观点下的药物经济学研究与评价还要考虑外部成本(external cost)。外部成本指因实施某方案而导致的、却无须该方案自身承担的成本。如对某传染病有诊治和不诊治两种方案可供选择,如果患者选择不诊治方案,则其成本就是自己及其家庭所付出的该传染病的疾病本身成本。但从全社会角度看,该传染病对健康人群造成的传染,以及由此导致的成本就是选择了对该传染病不治疗方案的外部成本。该外部成本虽不由最初的传染病患者承担,但毕竟会导致社会为此消耗资源、付出代价,因此在全社会观点下的药物经济学评价中应予以识别和计量。

(二)把握成本与收益的辩证关系

成本可能随着备选方案的不同而不同。在一组备选方案的某个方案中是成本,在另一方案中可能却是收益。

在经济评价中,通常把维持原状或现状视作备选方案之一,且称该方案为"零方案"。参照此做法,在药物经济学评价中,我们可以把不采取任何医疗干预措施的方案称作"零方案",并作为备选方案之一;把实施预防、诊断或治疗等医疗干预的情况称为"非零方案"。因此,疾病自身成本就是"零方案"的成本;而备选方案中的"非零方案",往往可减少疾病自身成本甚至使其完全不复存在,这种减少或消失了的疾病自身成本是"非零方案"的收益,而不是成本。可见,疾病自身成本的全部是"零方案"的成本,疾病自身成本的部分或全部是"非零方案"的收益。

第三节　成本的计量

在进行药物经济学成本分析时,可供使用的数据通常包括:患者住院时间、监测检验的费用和药物治疗的费用等。如何将这些常见的费用换算为药物经济学评价所需要的成本?

一、成本的计量原则

(一)成本计量分析要有计划

在识别和计量分析成本之前宜先做出方案计划。计划中应描述卫生服务项目或干预方案的全部,并明确定义干预措施的主要终点(the primary endpoint)和次要终点(the secondary endpoint)以及样本量的设计等,这是准确全面识别成本的基础。

(二)成本的识别要全面

在实施预防、诊断或治疗项目全过程中,凡是需要特定的评价主体所消耗的资源(人、财物、时间等)或所付出的代价(恐惧、痛苦、不便等)都应计入该评价主体的成本项。既不能有遗漏,也不能有所重复,更不能把非成本项计入成本。

(三)计量分析方法要准确

不同来源的成本数据,需要不同的计量和统计方法。例如,在药品临床评价过程中,成本数据来自随机对照试验(randomized controlled trials,RCT)时,应该报告研究中每组的成本均数、成本的标准差和四分位数间距(尤其是数据呈偏态分布时),还要指出成本差异从经济学角度看是否有意义。传统的组间成本差异可通过 t 检验、方差分析(单变量分析)和最小二乘回归分析(多元变量分析)来确定。采用广义线性模型可改善多元变量分析的预测功效。

二、成本计量的步骤及主要内容

(一)成本计量的步骤

药物经济学研究与评价中的成本的计量可通过以下 6 个步骤来完成:①制定成本识别与计量的分析计划;②识别所消耗的全部资源或代价;③正确计数每一种资源或代价的单位量;④赋予单位资源或代价以货币价值;⑤考虑资金时间价值;⑥进行敏感度分析。在成本计量阶段所要进行的主要内容是,计数每一种资源或代价的单位量、赋予单位资源或代价以货币价值,并对已经实现货币化计量的成本进行贴现(见本节"五、成本的贴现")。

(二)医疗成本的计量

通常情况下,患者在接受药物治疗的同时,往往还接受医生、护理人员、医技人员提供的诊断、检查、手术和护理等医疗服务。因此,药物经济学研究与评价中的成本不能仅限于药物本身的成本,而应该从整个治疗周期的资源消耗或所付代价——治疗周期成本予以全面考虑。治疗周期成本包括从患病之日起到停止治疗为止整个期间内用于治疗疾病所消耗的所有的资源,既包括医疗成本也包括非医疗成本,既包括直接成本也包括间接成本,还包括无形成本。

医疗成本通常占全部治疗周期成本的较大比重,且医疗成本通常是各种评价观点下(患者角度下,享受可报销全部医疗费用的患者除外)需要计入的成本。因此,医疗成本的计量是成本识别与计量的主要内容之一。大多数的医疗成本通常发生在医院，只有自我保健与自我治疗等形式下的医疗成本不在医院发生，且医院之外发生的医疗成本通常易于识别与计量。因此，发生在医院的医疗成本——医院成本，是医疗成本计量的重点与难点所在。

鉴于医疗成本计量具有较为广泛的代表性，误工成本的测算在成本-效益分析中的间接收益部分予以介绍，无形成本的测算尚缺乏成熟而有效的量化方法，因此主要介绍医疗成本的预算。

1. 医疗成本的测算内容 医疗成本，是指医疗服务提供方在预防、诊治或干预项目中提供的各项产品和服务所消耗的资源。医疗成本的计量内容主要包括以下六类。

（1）人力成本：医院职工直接或间接为患者提供医疗服务所付出的时间与单位时间的报酬（包括工资、奖金以及各种福利和补贴等形式）之乘积。在非全社会观点下，可按各科室实际支出的工资、奖金以及各种福利和补贴等总额计算或按医院的平均数乘以科室人数进行计算。在全社会观点下，则需要首先对以工资、奖金以及各种福利和补贴等形式表现的人力资源价格进行修正，得出其影子价格，即影子工资，再以影子工资乘以相应的服务人员人数计量出人力成本。

（2）公务成本：包括办公、差旅、公杂等成本。可按各科室的实际支出数进行计算或将全院的公务费进行分摊。

（3）药品及其他卫生材料成本：包括药品、化学试剂、敷料、X光材料等。部分按实际支出数记入治疗、检查各项目中，部分分摊到科室的床日成本中去。

（4）低值易耗品损耗成本：包括注射器、玻片等。

（5）固定资产折旧及大修理基金提成：包括房产、仪器设备、办公及其他设施家具、被服等各种固定资产的损耗。固定资产折旧可根据需要采用以下几种方法：

1）直线折旧法

$$年折旧额 = \frac{固定资产原值+估计清理费用-估计残值}{估计使用年限}$$

固定资产提取折旧的年限，按固定资产类型而异：房屋、建筑物，最短年限为20年，设备最短年限为10年；被服一般为2年。

2）加速折旧法：包括余额递减法、双倍余额递减法、折旧年限积数法和递减折旧率法。其中用得最多的是递减折旧率法；

$$各年折旧额 = 固定资产原价 \times 各年折旧率$$

$$各年折旧率 = \frac{固定资产原值-估计残值}{固定资产原值}$$

各年的折旧率，是以各年折旧率总和，按每年递减而总和不变的原则计算得到。

（6）卫生业务成本：包括水、电、气的费用，设备维修和更新费用等维持医院正常业务得以开展所需要的费用。水费等可按人加床分摊。电费先对用电大户进行分摊，余下的按人加床分摊。此方法仅适用于不进行科室成本核算的医院，而对实行科室成本核算的医院科室业务费可按科室实际支出数计算。

2. 医疗成本的测算方法 医院成本的计算可通过以下步骤来实现。

（1）明确项目科室与非项目科室：医院成本的最终表现形式通常是医疗项目成本，如挂号、手术、化验、输血、检查等项目的成本。医疗项目成本既与直接提供该项目的科室成本有关，也与间接为该项目提供服务的科室有关。通常把直接为患者提供医疗项目服务的科室称为项目科室；把间接为患者提供医疗服务的科室，即直接为项目科室提供服务的科室，称为非项目科室。明确成本预算的边界，就是要确定应计入项目成本，而间接医疗成本则需要在所提供的所有医疗项目进行分摊，最终计入某项目的间接医疗成本是分摊到该项目的全部间接成本中的一部分。

从宏观意义上看，明确成本预算的边界、明确承担成本的对象的意义还在于通过确认项目科室和非项目科室，可以明确哪些科室有必要存在，哪些科室可以取消或应降低成本，进而从根本上降低医院成本。

（2）明确分摊系数：非项目科室直接为项目科室提供服务，但是不同的项目科室对非项目科室所提供的服务的消耗量通常并不相同。因此，非科室项目的服务成本不能平均分摊到相关的项目科室，即以不尽相同的比例进行分摊，这些不尽相同的分摊比例就是分摊系数。分摊系数的确定遵循"收益原则"，即谁收益谁分摊，谁收益多谁多分摊。

按照"收益原则"，确定了各项目科室的分摊系数之后，非项目科室的总成本与该系数的乘积就是该分摊系数所对应的项目科室的间接医疗成本。常用的分摊方法有直接法、成本下行法、双重分配法和代数分配法。

1）直接法：将非项目科室的成本根据项目科室接受非项目科室服务量的相对百分比值直接分配到项目科室。

2）成本下行法：其特点是注意到了各个非项目科室的作用。非项目科室以服务部门的多少按序排队，提供服务部门多的非项目科室排在最上头，服务部门少的非项目科室排在第二位，依此类推，所有的项目科室排在最下面。排在上的非项目科室向排在下的所有部门（包括其他非项目科室及项目科室）按照部门接受其服务量的相对百分比分摊费用。排在第二位的非项目科室按接受其服务量的相对百分比分摊费用，然后将来自第一位非项目科室分摊获得的成本与其自身的成本加合在一起，向排在它下面的所有部门分配。依此方式，顺次分摊，直至所有的非项目科室的费用全部分摊到项目科室为止。

3）双重分配法：共进行两轮的成本分配过程。第一轮成本分配是发生在非项目科室之间，各非项目科室均接受了其他非项目科室的费用。第二轮分配是将各非项目科室在第一轮分配之后的全部费用根据各项目科室接受其服务量的相对百分比分配到项目科室去。

4）代数分配法：非项目科室成本分配的各种方法中最精确的方法是代数分配法。该方法是建立方程组将各非项目科室之间所有的相互作用全部包括在内，通过解联立方程的方法同时关联所有非项目科室，其解值便是各个非项目科室最终费用，取得非项目科室的最终费用之后，再一次性地将其分配到除本部门之外的其他所有非项目科室及项目科室。由于医院有多个非项目科室，建立的联立方程的求解未知数会有很多。

（3）测算医疗项目成本：医疗项目成本的测算方法一般可以分为三类，即综合法、病种法和项目法。综合法是以门诊部和住院部为测算成本的对象，测算门诊部和住院部的综合成本，并由此可以反映出每一门诊人次和每一住院日的单位平均成本。综合法测算简便，但所提供的成本信息过于粗略。病种法是以病种为成本测算对象，但因病种繁多，且患者情况各异，存在测算量大、可比性差、测算困难等不足之处。

项目法是以医疗项目为成本测算对象，归集与分摊项目科室及其相关的非项目科室的费用，进而测算出医疗项目成本的方法。其测算步骤是：首先，归集项目科室所发生的六大类医院成本以及应分摊到相关非项目科室的成本，从而计入项目科室总成本；然后，依据项目科室总成本以及该科室所提供的服务项目的种类和数量测算出相应医疗服务项目成本。在按项目付费的支付方式下，不同的疾病诊治方案实质上是由各种医疗项目的不同组合而形成的。相比而言，项目法适用性更强，也更为合理，因此是最常用的方法。

知识链接

医保支付方式对医疗成本的影响

医疗费用支付方式对于医疗成本测算和药物经济学评价有着重要影响，不同的支付方式下产生的医疗成本有显著差异。目前大量文献研究支付方式改革对医疗成本控制和补偿机制建立的重要意义。

1. 按项目付费　属后付制的传统形式，其特点是医院收入与提供的服务项目数量直接相关，即总费用等于项目数与项目价格的乘积，是目前我国使用最为广泛的支付方式。

2. 按人头付费　支付方根据某卫生机构的规模、技术、服务对象的特点等情况，按照事先确定的每个服务对象（人头）的支付标准及所服务的人口数，向该机构预先支付一笔费用，提供者则负责向目标人群提供支付方规定的卫生服务。鼓励提供者主动降低服务成本，防止诱导医疗需求。

3. 按病种付费　以某个疾病治疗方法的主操作和（或）主诊断为基础，根据事先确定的临床治疗方法，将特定的诊疗过程中产生的费用包干，支付方据此支付，结余归医院，超支不补。

4. 总额预付　总额预付是支付方与服务提供方协调确定某一阶段（通常为一年）的预算总额，在支付费用时，不论供方实际发生的费用是多少，都以这个预算数作为支付的最高限度，对费用支付实行强制控制，同时，明确供方对保险范围内的所有患者必须提供规定标准的医疗服务。需要结合其他支付方式作为测算基础，比如：总额＋按项目付费；总额＋按人头付费。

5. 按床日付费（针对住院成本测算）　是指在住院治疗中，根据病情的严重程度和治疗中的进展情况进行分类，对各类疾病规定每床日的收（付）费标准，医疗保险方和患者根据实际住院天数、付费标准和规定补偿比与医疗机构结算的一种付费机制。该制度下，对医疗机构的补偿采取的是"结余留用、超支不补"的原则，通过对支付单元（床日）的定额激励建立医疗机构自我费用约束机制和风险共担机制。

（4）药物治疗成本：药物治疗成本的核算包括治疗成本和不良反应成本。

药品从进入医院到被使用经历了遴选、采购、药品从药库分发到药房、药房将药品发放到病区、病区或药房将药品提供给患者和药品使用等环节。在此过程中的成本主要包括以下几种：①采购成本，指医院从上报采购计划到订单生成所耗费的成本。②资金成本，指采购药品和储备药品所占用资金和支付资金的成本。③仓储成本，指药品从进入医院到消耗完毕储存和保管所耗费的成本。④物流成本，指药品从离开供应商仓库到被使用消耗完毕过程中的搬运、运输、调配以及退货等产生的成本。⑤人力成本,指药品在配送、使用过程中所耗费人力的成本。其中资金成本是被大家普遍关注的直接医疗成本,其他成本则经常被忽略,或计入相关科室的其他成本中被分摊计量。

药物治疗成本还应包括药物不良反应的成本。除了不良反应的治疗成本之外,还包括不良反应的监测成本。例如,临床药师的工作主要职责之一即为治疗药物监测,以此指导临床合理用药。对于一些治疗窗较窄的药品,如洋地黄毒苷、氨茶碱、环孢素等,临床使用时为防止药物不良反应的发生,常需进行治疗药物监测,由此产生的监测成本也属于药品不良反应成本。

三、计数资源或代价的单位量并赋予其货币价值

成本的货币化即为消耗的物质资料价值(物化劳动)和必要劳动价值(活劳动)的货币表现。成本的货币化过程首先应该准确识别所有成本所属的类型,再计数资源或代价的单位量并赋予其货币价值。对每一种需要计量的资源,应根据其资源类型的不同,明确用于计数其数量的单位,继而利用该计数单位计算出所消耗资源的数量。例如:药物的计数单位为使用剂量,误工时间的计数单位为天数,耗费的医、药、护人力资源的计数单位为该类人员的服务时间(小时),等等。

【例2-1】 某临床药师实施抗凝药物合理应用咨询服务 2 小时,该项服务价格为每小时80 元,则该药师服务的货币价值就是160 元;如果实施处方调剂工作,共计 32 张处方,每张处方调剂药事服务费为6 元,则该项服务的货币价值就是 192 元。

四、成本计量中所使用的价格

成本依据商品或服务价值的货币表现——价格予以计量,在合理计数所消耗资源的基础上,能否赋予所消耗的资源以准确、合理的货币价值,即能否科学计量备选方案的成本,取决于所采用的价格是否合理。

(一)非全社会角度评价的价格

在以患者、医疗服务提供方及保险公司等非全社会观点进行的药物经济学研究与评价中,追求的目标是患者或医疗服务提供方或保险公司所实际支付的资金尽可能少,以及其实际所获得的收益尽可能多,因此采用的价格是反映备选方案实际收支的交换价格,即评价主体在实施备选方案时与外界进行商品或服务交易的实际价格。例如,从医院观点来看,计量药品成本时所使用的价格是药品的实际购入价格加上医院相关人员在药品采购中付出的劳动价值(不包括因出售药品而获得的利润);而从患者观点来看,药品的成本则是医院所出售的药品的价格(包括了医院因出售药品而赚取的利润)。

(二)全社会角度评价的价格

从全社会角度进行的药物经济学研究与评价,追求的目标是全社会药物资源的配置与使用效率的提高,采用的价格应真实反映资源的经济价值。如果实际交换价格能反映资源的真实经济价值,那么以全社会观点进行的药物经济学研究与评价就也应当采用这种价格。然而,在现实经济中,能真实反映实际经济价值的交换价格体系只能在比较完整的市场机制下形成。而药品及医疗服务自身性质及作用等方面的特殊性,使得绝大多数国家都对药品及医疗服务市场进行了较多的行政干预与管理,从而导致药品及医疗服务的实际价格往往不能真实反映其实际的经济价值。

在以全社会观点进行的药物经济学研究与评价中，为使药物资源得到合理配置和有效利用，必须使用能够真实反映其经济价值的价格。这种价格在经济评价中被称之为影子价格。所谓影子价格，是指商品或生产要素可用量的任一边际变化对目标的贡献值。简单地说，就是人为确定的能够真正反映商品或生产要素实际价值的价格。一般而言，备选方案投入物的影子价格就是它的机会成本——资源用于国民经济其他用途时的边际产出价值，即资源用于该方案而不能用于其他用途时而放弃的边际收益。备选方案产出物的影子价格就是消费者的支付意愿——消费者为获得产品或服务所愿意支付的价格。

十分准确地确定影子价格非常困难，且往往需要花费相当多的时间和精力，使得经济评价本身的经济性大大降低。因此在实际的药物经济学研究与评价中，影子价格的确定只要求相对准确即可。本着科学合理、简便实用的原则，考虑到现实经济中的交换价格毕竟是对资源价值的一种估价，且这种价格信息又是最大量、最丰富地存在于现实经济之中，因此获得影子价格的基本途径是以交换价格为基础。通常外贸品（外贸品——其生产或使用会直接或间接影响国家进口或出口的产品或服务，可分为直接进口与出口、间接出口与进口、出口占用及进口代替的产品或服务——影子价格的基础是国际市场价格）的交换价格以国际市场价格为基础；非外贸品（非外贸品——其生产或使用不影响国家进口或出口的产品或服务，可分为天然的非外贸产品或服务和非天然的非外贸产品或服务——影子价格的基础是边际生产成本或国内交换价格）的交换价格以国内交换价格为基础。以交换价格为基础，将其进一步调整为影子价格。

五、成本的贴现

（一）资金的时间价值

在卫生服务项目中，不同的干预措施其成本和健康产出的时间点可能存在明显的差异：一些干预措施可能立即实施并使得健康状况快速好转；另一些干预项目可能在几年之后才能提高健康水平或者降低患病风险。例如使用治疗性药物疾病很快好转，投入的成本得到相应的回报，然而许多免疫项目尤其是儿童免疫规划疫苗，大多数成本的发生在项目的开始阶段，但是健康产出则在未来的几年甚至下一代。对于后一种情况，在进行成本计量时，不能将不同时点发生的成本额进行简单的加和，因为任何具有时间延续性的投资项目中都存在资金的时间价值问题。

不同时间发生的等额资金在价值上的差别称为资金的时间价值。资金的时间价值可以从以下两个方面予以理解：①资金随时间的推移，伴随着生产与交换的进行而不断地运动，给投资者带来利润，表现为资金的增值。②资金拥有者放弃资金的现期使用权，也就放弃了利用资金获得现期收益的机会，资金的时间价值表现为对这种放弃使用资金所受损失的补偿，如利息。资金时间价值是客观存在的，在经济评价中必须予以考虑，药物经济学评价也不例外。资金时间价值的客观存在，决定了不同时点发生的资金不能直接相加和比较，而在药物经济研究与评价中，通常会遇到对不同时点发生的成本进行加和的问题，为此，需要掌握有关成本贴现的知识与方法。

（二）贴现的概念

贴现就是计算未来产生的成本或收益的现在价值。即把将来某一时点发生的资金额换算成现在时点或相对于该将来时点的任何较早时点的等值金额，这一换算过程就叫做贴现

（discounting），也叫折现，是人们对时间的偏好。未来事件离现在越远，成本现值越低，对现在的决策影响越小。通常把未来时点发生的资金额称为将来值或未来值，把将来值贴现后所得的资金额称为现值。将来值与其贴现后的现值数额不相等，但价值是相等的。在卫生领域中，应用贴现可以对发生在不同时间点的投入进行比较，使实施期限不同的方案具有时间上的可比性。

（三）贴现的公式与计算

进行贴现计算时需要使用反映资金时间价值的参数，这一参数叫折现率或贴现率（discount rate），通常以符号 i 表示。

如果第 n 年年末时点上的成本额为 F 元，在贴现率为 i 的情况下将其进行贴现，则计算其现值（P）的公式如式（2-1）所示：

$$P = F(1+i)^{-n} \text{或} P = \frac{F}{(1+i)^n} \tag{2-1}$$

如果从现在开始，未来第 1、2、3……n 年年末发生的成本额依次为 F_1、F_2、F_3……F_n，则计算所有这些成本额的现值之和的表达式如式（2-2）所示：

$$P = \sum_{t=1}^{n} P_t = \sum_{t=1}^{n} F_t (1+i)^{-t} \tag{2-2}$$

如果未来第 1、2、3……n 年年末发生的成本额依次为 F_1、F_2、F_3……F_n，而 $F_1 = F_2 = F_3 = \cdots\cdots = F_n = A$，则所有这些成本额的现值之和可用式（2-3）求算：

$$P = A \frac{(1+i)^n - 1}{i(1+i)^n} \tag{2-3}$$

此公式叫做等额支付现值公式，式中的 A 为等额年值（即在连续 n 个相同的时间间隔内每一时间间隔的末期所得到的或付出的资金金额相等，时间间隔常为 1 年）。

备选方案资金发生的时点通常并不是恰好在某年的年初或年末，而计算现值的公式却要求资金发生的时点必须在某年的年初或年末。为此，在进行贴现计算时，通常需要对备选方案成本的发生时点进行简化处理。在目前的药物经济学评价领域，对此问题存在两种处理方式，一是假定每年所发生的成本均在当年的年初发生；二是假定每年所发生的成本均在当年的年末发生。成本发生时点不同所得的现值随之不同。只有对不同方案成本额发生时点的处理方法一致，才具有可比性。显然，现行的假定每年所发生的成本均在当年的年初发生或假定每年所发生的成本均在当年的年末发生这两种处理方法有待统一。

【例 2-2】 某疾病治疗需 3 年时间，治疗成本：第一年 3000 元，第二年 3000 元，第三年 3000 元，贴现率为 5%。

（1）若假设成本均发生在每年的年末，则成本现值 C 为：

$$3000 \times (1+5\%)^{-1} + 3000 \times (1+5\%)^{-2} + 3000 \times (1+5\%)^{-3} = 8170（元）$$

或

$$C = 3000 \times \frac{(1+5\%)^3 - 1}{5\% \times (1+5\%)^3} = 8170（元）$$

（2）若假设成本均发生在每年的年初，则治疗成本现值为：

$$3000 + 3000 \times (1+5\%)^{-1} + 3000 \times (1+5\%)^{-2} = 8578（元）$$

或

$$C = 3000 + 3000 \times \frac{(1+5\%)^2 - 1}{5\% \times (1+5\%)^2} = 8578（元）$$

（四）贴现率的选择

贴现是为了使成本或产出能够在同一时点进行比较。贴现率一般为市场利率。选择的贴现率要能够反映不同社会经济发展速度、价格变化、消费者的时间偏好等多种因素，其选择的合理与否直接关系到备选方案经济性评价结论的科学、正确与否。国际上进行药物经济学评价所选择的贴现率常见的为 3%、5%、6%，进行敏感性分析的贴现率范围一般在 0%～10%。

目前在我国药物经济学评价中，贴现率的选择常遵循两个惯例：①采用官方的药物经济学评价指南中建议的贴现率。《中国药物经济学评价指南》（2011 年）建议如果疾病治疗的时间超过一年，就应该对成本进行贴现。贴现率一般采用一年期的国家指导利率或国债利率进行贴现。同时应该进行敏感性分析，波动范围建议在 0%～8% 之间。对于健康产出，建议采用与成本相同的贴现率进行贴现和敏感性分析。②在没有官方贴现率的情况下，为了提高研究间的可比性，使用一个与现有文献一致的贴现率。值得注意的是，我国全社会观点下的药物经济学评价应选择我国的社会贴现率。由于社会贴现率与一国经济的诸多因素密切相关，因此不同国家的社会贴现率通常不同，且一国的经济处于发展变化之中，决定贴现率大小的影响因素并非静止不变，因此，社会贴现率也不是一成不变的，需要适时调整和修订。我国目前公布的社会贴现率为 8%，因此，我国从全社会观点出发的药物经济学评价应选择的贴现率取值应为我国的社会贴现率，即 8%。

（吕雄文　解雪峰　孙利华）

思考题

1. 简述药物经济学研究中成本、费用与价格的区别与联系。
2. 区分固定成本与变动成本的关键依据是什么？
3. 简述药物经济学中直接成本和间接成本的概念并举例说明。
4. 简述成本识别的原则和步骤。
5. 医院成本测算的主要内容有哪些？

第三章 收益的识别与计量

学习要求

掌握：效益、效果、效用的定义及分类。

熟悉：收益的识别，效益计量的人力资本法、意愿支付法，功效与效果研究的差异、常用效果研究的特点，效用计量的视觉模拟标尺法、时间权衡法以及质量调整生命年的计算。

了解：收益识别与计量在药物经济学分析中的作用，存在的争议与问题。

收益是药物经济学研究与评价的重要组成内容，本章将在第二章成本的识别与计量基础上介绍收益（效益、效果及效用）的识别与计量，主要包括收益的定义与分类、识别与计量的方法。成本与收益都是针对研究目标而言的，但两者的区别在于，前者是对目标的负贡献，而后者是对目标的正贡献，即在实施预防、诊断或治疗项目的全过程中，该项目的收益即是所有对目标构成正贡献的产出。

问题

新生儿接种乙肝疫苗可减少人群因携带乙肝病毒最终发展为慢性肝病的概率，带来显著的收益。具体而言，该计划免疫项目可降低人群乙肝表面抗原（HBsAg）携带率，并因此减少慢性乙肝、肝硬化、原发性肝癌的发病人数；可节约因这三类肝病而发生的门诊费用、住院费用、自费购药费用、营养费、交通费、患者就医费、患病或早逝的误工费以及护工费用、家属误工费等；还可提高患者的生命质量。在药物经济学研究中，该如何定义和分类这些收益指标？识别不同收益指标时应遵循的原则是什么，需要注意哪些问题？有什么方法来计量收益？不同方法有什么特点？

第一节 效益的识别与计量

一、效益的定义与分类

（一）效益的定义

效益是有利或有益结果的货币表现，即是人们预期或希望得到的有用结果的货币表现。药物经济学研究与评价中的效益，指的是以货币化计量的实施某干预方案后所获得的所有有利或有益的结果。

（二）效益的分类

与成本的分类相似，效益可分为直接效益（direct benefit）、间接效益（indirect benefit）和无形效益（intangible benefit）（也被称之为隐性效益）。

直接效益是指实施某干预方案后所带来的健康改善、生命延长，以及卫生资源耗费的减少或节约；间接效益是指实施某干预方案后所带来的生命、健康、卫生资源之外的成本节约或损失的减少，因有效治疗而减少的误工、休学损失等；无形效益是指实施某干预方案后所带来的患者及其亲朋的行动或行为不便、肉体或精神痛苦、忧虑或紧张等方面的减少，以及干预方案的有效治疗对医院声誉的提高等。

二、效益的识别与计量方法

（一）效益的识别

与成本的识别相似，在对干预方案的效益进行识别时需与评价角度相一致，同时应注意完备性以及避免重复计算的原则，且这些一般原则同样适用于对干预方案效果和效用的识别，以下将具体进行阐述。

首先，在识别效益时需要明确研究服务对象以及与之相对应的目标，以确保对效益的识别与评价角度相一致。例如，从患者角度出发时，因有效的药物治疗而减少的误工损失，对目标而言是正的贡献，因此可计为效益，但若从医疗机构出发，则上述产出不能计为效益。

对效益的识别还应注意完备性原则，即要识别出所有相关健康产出结果以及资源耗费或代价的节约。例如，在全社会的研究角度下对传染病治疗方案进行药物经济学评价时，除了患者因有效治疗而获得的各种效益外，其他人群因避免传染而产生的效益也应计入该项目的总效益内。上述这类因项目造成的，却不需要受益者支付成本或付出代价的收益被称为外部收益（external benefit）。

另外，在进行药物经济学评价时还应避免效益的重复计算。如当采用意愿支付法估计项目带来的效益时，若对受访者的提问方式为"采用一种治疗方案，可以完全治愈某种疾病，您最多愿意为此支付多少钱？"，此时，受访者对治疗方案所带来的效益可能不仅判定为健康的改善和减少的病痛，还包括因治疗带来的工作时间增加，若在进行评价时再将后者计入项目的效益则产生了重复计算。另一种情况是效益与成本的重复计算，例如将因治疗带来的工作时间延长同时归类到成本的减少和效益的增加等，为了避免这种情况的发生，应在进行评价时对项目的各种产出进行明确归类。

（二）效益的计量方法

对效益进行识别后，需要将其进行货币化计量。对于干预方案所产生的资源节约类型的效益，其货币化计量可以根据所节约资源的数量及其价格直接计算即可；因干预方案的有效治疗而减少的患者健康时间损失、劳动生产力恢复或死亡风险下降类型的效益（间接效益）可以采用人力资本法、意愿支付法或显示偏好法实现货币化计量；因干预方案的有效治疗减轻或避免患者身体、精神上的痛苦等无形效益可以采用意愿支付法获取。意愿支付法除了可以计量无形效益外，也可根据在所提问题中进行不同的情景假设来计量直接效益或间接效益。另外，联合分析法是近年来应用和发展较快的效益计量方法，在具体计量时可以根据所设定的干预方案属性（如治愈率、对劳动力的恢复和疼痛的减轻等）来选择计量的是直接效益、间接效益还是无形效益。目前人力资本法和意愿支付法是最常用的两种计量方法。

1. 人力资本法

（1）方法简介：人力资本法（human capital approach，HCA）是较早应用于卫生服务项目效益评估的一种方法。该方法的基本思想是将人力视为经济资本要素，而健康的人力更是优质的经济资本要素，维护和促进人力资源健康的卫生项目投入也是对人力资本的投资，该投入的产出就是患者的健康时间，而健康时间的价值在于可以将其投入劳动市场以此产生经济效益，这也是因项目实施而带来的对目标的正贡献。健康时间的经济效益可以通过将该期间的单位工资乘以工作时间来获得。

通过人力资本法获得的健康效益数据具有较强的客观性，计算所需的工资收入等变量较易获取。但在使用该方法时需要注意的是，患者经有效治疗可能在总的生命长度不变的情况下增加健康时间，也可能会延长整个生命的长度从而增加健康时间，此时，在延长的生命时间里，患者也必然会消耗社会资源，因此在进行药物经济学评价时，需要考虑是否将这段时间的个人消耗从患者所创造的社会价值中去除，具体情况应在研究中明确说明。

（2）存在的问题与争议：尽管人力资本法具有客观、方便等特点，但也存在一些问题和争议。首先，从人力资本法对干预方案收益的计量人群来看，该方法只局限于劳动力人群，对于失业人员、老人、儿童、家庭主妇或其他一些因患病无法工作的非劳动力人群，其产生的健康收益无法用人力资本法进行评估。其次，从人力资本法对干预方案收益的计量范围来看，该方法只计算健康时间的经济产出，而不考虑患者在身体疼痛或精神状况上的改善（假设这些改善仍不能使患者进入到劳动市场），如脑卒中患者经过治疗后可以由坐轮椅转变为能缓慢行走，由于其仍不能参加劳动，因此也无法用人力资本法评估其健康收益。第三，从人力资本法对干预方案收益的计量数据来源来看，该方法所采用的工资水平一般基于现实劳动市场，而诸如性别歧视、种族歧视等因素对现实劳动市场的工资水平具有影响作用，使其不能反映出健康时间的真实货币价值，由此得出的干预方案健康结果产出也必然有所偏差。此外，劳动市场的工资水平是由多种因素决定的，并不能反映人们的真实偏好，这也说明采用该方法获得的干预方案收益数据进行药物经济学评价并以此进行的资源配置也将不能反映人们的真实偏好。

2. 意愿支付法

（1）方法简介：支付意愿是消费者愿意为产品或服务支付的最高价格，度量的是产品或服务的真实价值。支付意愿一般会高于消费者的实际支付价格，是消费者实际支付价格与消费者剩余之和。

意愿支付法（willingness to pay，WTP）采用问卷调查的方式，通过设立不同的假设情形，了解受访者在相应情形下的经济行为，这些行为反映的是受访者的偏好，研究者可以据此对产品或服务的支付意愿，即价值进行评估。意愿支付法可以用于对健康恢复或改善的支付意愿评价，以此实现对健康产出的货币化计量（图 3-1）。

在图 3-1 中，横坐标代表对健康产出的需求量，可用愿意进行治疗的患者人数表示；纵坐标

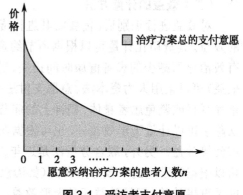

图 3-1 受访者支付意愿

代表健康产出的价格。需求与价格呈反向变动关系。需求曲线下的面积即为该干预方案总的支付意愿,即所有患者的支付意愿之和。

(2)调查问卷中的提问方式:调查问卷中的提问方式可以分为开放式(open-ended question)和封闭式(close-ended questionnaire)两种。

1)开放式:开放式提问只在问卷中列出问题本身,而不向受访者提供任何的参考答案。如要了解受访者对骨折康复的支付意愿,可以直接提问"如果有一项治疗方案可以让您的骨折痊愈并不产生任何后遗症,您将愿意为此项治疗方案最多支付多少钱?"。该提问方式的优点是受访者不会受到参考答案的影响,其给出的结果是经过独立思考后的审慎回答,是受访者真实支付意愿的反映,但也正因为没有可供参考的答案范围,受访者可能在回答问题时会感到茫然,这在一些理解能力较差的受访者中时常发生。采用开放式提问往往拒答率较高,在接受回答的受访者中其答案一般也较分散,这将为后续的数据分析带来困难。

2)封闭式:封闭式提问不仅在问卷中列出问题本身,还会给出参考答案,供受访者选择。重复投标博弈法(iterative bidding game,也叫竞标法)和取舍法(take it or leave it)是两种常用的方法。①采用重复投标博弈法调查受访者的支付意愿时将首先给出一个初始的参考值,受访者根据自己的偏好选择是否接受该支付水平,若选择接受,则增大参考值,若选择拒绝,则减少参考值,如此循环,直到获得受访者愿意支付的最大值为止,整个过程类似乒乓球运动(如例3-1所示)。该方法操作简单,受访者的反馈率较高,但缺点在于受访者容易受到初始值的影响,且调查时可能需要循环的次数较多引起受访者的耐性丧失从而获得虚假的支付意愿数值。②取舍法的调查过程相比重复投标博弈法更为简单。研究者在采用取舍法调查受访者的支付意愿时应首先估计支付意愿的可能范围,在此范围内随机产生一些数值作为假设的支付意愿。在实际调查时,调查员只需要询问受访者是否接受其中的一个数值作为支付水平即可。研究者可以根据受访者对不同支付意愿测试值回答"是"(或者"不是")的应答数据,建立统计模型并据此估计出人们对某种产品或服务的支付意愿。取舍法的优点在于操作简单便捷,受访者容易回答,因此反馈率也较高,但缺点是难以估计支付意愿的范围,且所需的样本量较大。

【例3-1】 假设研究者想要获得受访者对一项骨折治疗方案的支付意愿,具体的询问方式如下,通过受访者的回答测算其支付意愿。

问1:如果有一项治疗方案的价格为5000元,该方案可以让您的骨折痊愈并不产生任何后遗症,您愿意支付吗?

答1:是☐ 否☑

问2:如果这项治疗方案的价格变为1000元,您愿意支付吗?

答2:是☑ 否☐

问3:如果这项治疗方案的价格变为2000元,您愿意支付吗?

答3:是☑ 否☐

问4:如果这项治疗方案的价格变为3000元,您愿意支付吗?

答4:是☐ 否☑

解:此时受访者愿意支付的最高价格在2000~3000元之间,可以取均值2500元作为该受访者的支付意愿。

在上述例题中研究者也可以继续进行询问,直到认为受访者回答"是"和"否"相间隔的价格数值已满足研究的需要为止,此时取两个价格之间的均值为支付意愿即可。

(3)采用该方法时的注意事项:当采用意愿支付法调查和收集受访者的支付意愿时,有以下几点注意事项:①明确应该收集哪些人群的支付意愿。当采用患者角度进行分析时,将患者或存在患病风险的人群作为受访者可能是合适的。但当采用全社会角度进行分析时,则需要考虑项目外部性的问题,从而应将那些可能受到影响的所有利益相关者都作为受访者,如在评估卵巢癌治疗方案时,男性的支付意愿也应考虑在内。②调查问卷中的假设情景要清晰、明了,这将有利于受访者准确表达支付意愿。这不仅指所提问题没有歧义,还指的是在提问时应向受访者说明其是否应考虑由于患病导致缺勤带来的收入减少或有效治疗带来的未来成本节约。③在采用开放式提问时,调查员应向受访者说明其给出的数值应是对健康产品或服务愿意支付的最高价格。④若调查的方式是调查员与受访者面对面展开,则调查员的提问方式应客观、中立,不应影响受访者的主观判断。

(4)存在的问题与争议:意愿支付法在评价时可以根据所提问题中情景假设的不同来测量不同类型的健康产出,不只局限于患者生产力的变化和差异,能更全面地评价干预方案对健康的影响,但其所获得的支付意愿数据具有较强的主观性,且数值大小受情景假设、提问方式、参考值范围以及受访者个人因素(如支付能力)的影响较大。另外,由于该方法试图将人的健康货币化,还面临着来自伦理和情感方面的争议。

3. 其他方法

(1)显示偏好法:意愿支付法是调查员让受访者在一系列假设情形下做出回答来获取个人健康偏好数据的一种方法,而显示偏好法对这一数据的获取则是直接通过观察人们在真实状态下所做选择进行的。在现实生活中,不同工作的风险程度以及工资收入也不同,风险越高,往往收入也越高,人们从事什么样的工作是在工资与风险之间进行权衡取舍后做出的决定,因此,研究者可以观察人们在不同工作之间的选择来评价他们对健康状态的偏好,该方法也被称为工资-风险法(wage-risk),具体的应用如例3-2所示。

【例3-2】　小王在毕业找工作时面临着如何在两份工作间进行选择的难题,具体来看,工作A的工资水平为每年62 000元,与工作相关的致命伤害风险为2‰,工作B的工资水平为每年60 000元,与工作相关的致命伤害风险为1‰,此外,两项工作的其他方面均相似。若小王选择从事风险较低的B工作,其对生命价值的评价为多少?

解:若小王选择从事工作B,即相当于其愿意用每年2000元的代价来规避1‰的死亡风险,小王对生命价值的评价为(62 000-60 000)/(2‰-1‰)=200(万元)。

显示偏好法的优点在于,它是基于人们对收益和风险进行审慎评估后做出的真实选择,而不是基于一系列假设得出的偏好。但该方法也存在以下缺点:①人们对工作的选择不仅限于对工资和风险的评估,还包含诸多其他因素,而研究者很难剔除这些因素的影响单纯研究人们对工资和风险的权衡取舍。②所得的偏好结果与研究者选择什么类型的职业有关,这将最终影响到成本-效益的分析结果。③人们对于职业风险的理解并不一定正确和全面,这也导致所测得的数据可能存在偏倚。

(2)联合分析法:联合分析法(conjoint analysis,CA)是近年来在药物经济学研究中用于测量受访者偏好的一种相对较新的分析方法。该方法可以分析一项产品或服务各种属性对消费者的重要程度,并据此来估计该产品或服务对消费者产生的效用,进而获得偏好数据。

运用联合分析法测量受访者对干预方案支付意愿的基本分析步骤如下：①确定患者是否选择某项干预方案进行治疗的重要属性或因素，如治疗效果、不良反应类型与风险、费用、药物剂型、给药频率、治疗周期等。②确定各属性或因素的具体水平，如治疗效果分为有效、显效和无效，药物剂型分为片剂、胶囊剂、颗粒剂、溶液剂等，日均费用分为30元、20元、10元等。属性或因素的具体水平可以根据临床实际情况或预期水平确定。③根据上述所列属性或因素的种类和水平拟定虚拟的干预方案集，如可虚拟出治疗病毒性感冒有效率为80%，日均治疗费用为20元（日服三次，五天见效），无明显不良反应的胶囊剂等方案。④研究者根据拟定好的干预方案集询问受访者对每一种方案愿意购买的程度。⑤将所获得的数据进行统计分析，估计出费用对受访者的重要程度以及其支付意愿。

联合分析法在评价受访者偏好时考虑了影响其选择产品或服务的多种属性，而不要求受访者直接回答支付意愿，因此所得数据具有较好的有效性，但该方法的实际操作难度较大，是集方案设计、数据收集和统计分析为一体的技术方法，研究者可以根据研究的客观需要以及现实可行性选择是否采用该方法。

第二节　效果的识别与计量

一、效果的定义与分类

（一）效果的定义

在药物经济学研究与评价中，收益是指实施预防、诊断或治疗措施而产生的有利的或有益的结果。然而，并非所有情况下都能够对干预方案的收益予以科学、合理的货币化计量。根据不同评价观点和不同情况的需要，除效益外，还可用效果（effectiveness）来表现收益。效果是以临床指标计量的收益，通常用物理或自然单位表示，如治愈率、死亡率、延长的生命年、生理生化指标（如血压、血糖、血脂）和影像学指标（如 X 线或 CT 显示肺癌大小的变化）等。

（二）效果的分类

在药物经济学研究与评价中，通常根据不同的需要、按照不同的划分标准把效果指标划分为以下几类。

1. 终点指标和中间指标　终点指标（end point）直接反映治疗最终效果或疾病预后。临床常用的终点指标包括治愈率、死亡率、伤残率、获得的生命年等。评价急性病干预方案效果时，多用治愈率、症状消除率、病死率等指标。评价慢性病干预方案效果时，如研究器官移植后免疫抑制剂的治疗效果，常用移植物或宿主存活率、移植物急性或慢性排斥反应发生率、不良反应发生率等指标；而研究心血管疾病干预方案的治疗效果，常用急性心肌梗死发生率、非致死性心肌梗死发生率、非致死性卒中发生率、总死亡率或心血管事件死亡率、减少糖尿病、白内障及肾病等并发症发生率等指标。总的来说，观察终点指标的临床试验虽然所需样本量大，研究耗时长、费用高、试验难度较大，但能直接反映患者最终是否得益。

中间指标（intermediate outcome），又称替代结果（surrogate outcome），通常用于无法直接测量终点指标时，间接反映治疗最终效果或疾病预后。中间指标可反映治疗过程中疾病状况的改变，揭示患者对治疗的反应，如各种生理生化指标（血压、血糖、血脂）、影像学指标

（X线、CT及MRI检测的结果）等；还可预测疾病进展或严重程度，如肿瘤的分期等。获取中间指标通常耗时较短，且简便、经济，可节约长期随访成本，特别是研究慢性疾病防治效果时优势突出，因此在临床试验中中间指标应用广泛。

临床试验与药物经济学研究通常优先采用终点指标，应尽可能避免使用中间指标作为产出的测量。使用中间指标有一定局限性和风险：①需考虑该指标的有效性（也称真实性）。②需根据中间指标的测量考虑研究对象纳入/排除标准。③不同疾病的中间指标各不相同，它高度依赖于患者对药物等治疗的反应，故无普适性的中间指标。④更重要的是采用中间指标可能导致样本量过小或观察时间过短，使某些低概率的重要终点指标不能被观察到，导致得出错误的结论。

若不得不使用中间指标时，理想的中间指标应具有以下几个特点：①测量相对简便、没有侵入性操作且能反映治疗的真实效果。②与研究定义的终点指标有较强的相关性。它既可以是终点指标的一部分，也可以是接近终点指标的中间过程。③能与终点指标产生同样的推论，即干预措施与中间指标之间的统计学联系应和与终点指标的统计学联系一致，即使终点指标可能发生的概率更小。

2．效果指标和功效指标 药物经济学研究的效果指标与临床试验中常用的功效（efficiency）指标是有区别的。功效是药物在严格条件控制下的表现，必须根据严格的试验设计，病人经过严格的纳入/排除标准筛选，由有研究经验的临床医生来管理。与功效相比，效果则更倾向于药物在实际情况下的作用，所调查的病人范围更广泛，由更广泛的医生来管理，病人接受的信息相对更少，依从性相对较差，且易受许多并发症和其他药物的影响。功效与效果研究的差异见表3-1。

表 3-1 功效与效果研究的比较

比较项目	功效研究	效果研究
拟解决问题	安全性和功效	政策和临床管理问题
研究目的	评价安全性与有效性	评价经济性
用途	上市申请	报销决策等
研究设计	RCT，严格控制	RCT或最少控制
试验条件	理想状态	实际情况
目标人群	经过筛选的人群（同质）	任何人群（异质）
干预	固定框架	弹性框架
对照的选择	空白对照	其他干预方案
	主观选择对照	成本最低或最有效的方案
减小误差方法	随机、盲法	随机
依从性	高	低
退出率	高	低
结果指标	与药物作用机制联系强	与药物作用机制联系弱
观察时间	短期水平	短期/长期水平
统计分析	与设计一致	"意愿治疗"法
样本量	小	大
外推性	差	好

3．"硬指标"和"软指标" 效果指标通常还可分为"硬指标"、"软指标"以及介于二者之间的指标。软硬指标的区分反映了效果指标受主观偏倚影响的程度。"硬指标"能被客观

地测量,受主观因素和测量偏倚影响较小,如治愈率、生存率、死亡率、伤残率等,以及实验室或影像学检查结果。"软指标"往往易受主观因素影响,如某些症状或情绪指标(疼痛、焦虑等)。还有一类指标介于软硬之间,如一些病理学指标,既是客观的组织病理切片,也依赖于病理学家的经验和主观判断。当然,任何一种指标的测量都具有测量偏倚,包括"硬指标"的测量,关键在于对测量偏倚的控制和预防。

二、效果的识别与计量方法

(一)效果的识别

反映干预方案有效性的临床指标通常有很多,在进行药物经济学评价时应根据研究目的、研究角度、研究设计、病例选择、干预方案的预期效果、疾病的种类、症状、体征、实验室检查项目、观察随访的终点等实际条件决定具体采用何种效果指标。

1. 理想的效果指标应具备的特征　理想的效果指标通常具备以下特征:①相关性(relevant),即该指标对该疾病有重要的临床价值;②有效性(valid),即能反映真实的治疗效果;③可定量(quantifiable),即可用合适的方法进行定量或半定量的测量或评分,更确切地反映目标及其实现的程度,便于分析和比较;④客观(objective),指标不受主观倾向的影响,可被不同测量者或观察者一致测量或解释;⑤可靠(reliable),在不同的时间和地点多次测量能得到同样的结果,经得起重复;⑥敏感(sensitive),能及时反映治疗效果的微小变化;⑦特异(specific),指标只反映某种干预措施的效果及变化,有明确的因果关系,不受其他因素干扰,假阳性率低。并非所有效果指标都能满足上述全部特征,但研究者在方案设计时就应考虑效果指标的选择,上述特征可为研究者提供选择方向。

2. 效果识别时需要注意的问题

(1)效果指标的选择对成本 - 效果分析有重要的意义,应尽量选择终点指标。若选择终点指标,在考虑资源分配时便于对各种不同的干预方案(包括对不同疾病的干预方案)进行横向比较;但是,若选择中间指标,则就只能对涉及同一指标的疾病的干预方案进行比较。

(2)可以通过临床反应、安全性及各种生理生化指标(如血压、血糖、血脂、血流动力学指标、病毒标志物、病原菌培养转阴)等来评价效果。临床症状分级及躯体功能等有时也可作为判定效果的指标,如对胃肠道疾病患者采用肠道症状分级标准等。

(3)理论上药物经济学研究应该使用效果指标。但新药上市前通常只能获得Ⅲ期临床试验的功效数据,因此新药上市前进行药物经济学研究只能采用模型法把功效外推到效果,新药上市后才能收集效果数据来检验模型研究的结果。

(4)若只选择一个效果指标,可能会缩小分析的范围;若把多个效果指标都考虑在内,由每个效果指标所得出的结论可能不一致,而使总体结论变得没有说服力。这时可以考虑选择其他可测量的综合效果指标,把不一致的效果指标有机地结合起来。

(二)效果的计量方法

1. 效果的数据来源　选择效果数据的来源非常关键,研究者要根据研究目标和实际情况来获取或收集恰当的效果数据进行经济学评价。一般来说,可选择干预方案在大量人群中实际使用的前瞻数据(效果),或选择样本量大的一个或几个临床随机对照试验的前瞻数据(功效),以及有关效果的回顾性数据。回顾性数据常因缺乏完善的研究设计而不能成为理想的数据来源。几种常用效果研究的特点见表3-2,可根据其不同特点选用。

表3-2　常用效果研究的设计特点

设计类型	设计特点	内部有效性	外部有效性	经济性	证据级别	应用
系统评价或Meta分析	回顾性	高	根据研究设计（包括纳入患者、干预措施等特征）有变化	较为经济可行	高	常用，进行模型分析
随机对照试验	前瞻性	高	较差	若随访时间长，耗时和耗资巨大	高	常用（特别是平行研究）
前瞻性队列研究	前瞻性	较高	较好	若随访时间长，耗时和耗资大	较高	常用
回顾性队列研究	回顾性	较高	较好	研究成本低，时限短	较低	较少使用
病例对照研究	回顾性	较高	较好	研究成本低，时限短	较低	多用于罕见病或不良事件研究

受多种因素的影响，经济学评价在实际操作中很多时候难以获得干预方案在大量人群中实际使用的前瞻性效果数据，而需借用并非为经济性评价而设计的临床试验的功效数据，此时需注意以下情况：

（1）经济学评价的目标与临床试验研究的目标不一致，此时应说明临床试验研究的指标和经济学评价所需的指标之间的关系，不可随意采用。

（2）由于临床随机对照试验都有一定的时间周期，受此限制，干预的长期效果往往不能直接获取，还需要借助其他来源的数据，如流行病学调查数据（病例对照研究、历史前后对照研究）、循证医学文献或专家意见等作为补充，但需对证据质量进行评价。

知识链接

循证医学的证据质量分级

循证医学的核心是科学地研究和利用证据。不同的研究设计可能存在的潜在偏倚不同，导致其结果的科学性和可靠性有差异，造成证据的质量不同。证据的质量根据其来源、科学性和可靠程度大体可分为五级（1a、1b、1c，2a、2b、2c，3a、3b，4，5级），其可靠性依次递减。可参考 Oxford centre for evidence-based medicine levels of evidence（May 2001）http://www.cebm.net/levels-of-evidence.asp。

（3）通常采集到的临床研究数据是不同干预方案分别与未干预的方案相比较的结果。为了获得干预方案间的对比数据，有时还需要在不同的临床研究间进行间接的比较。

2. 常用的效果指标及其计算公式

（1）发病率：即一定时期（年、季、月）某人群中发生某病新病例的频率。

$$发病率 = \frac{某时期某疾病新病例数}{同期年平均人口数} \times 100\%$$

（2）患病率：即某一时点某人群中患有某种疾病的频率，常用于慢性病的统计分析。

$$某疾病患病率 = \frac{某时点某疾病病例数}{某时点调查人数} \times 100\%$$

（3）治愈率：即接受治疗的患者中治愈的频率。

$$治愈率 = \frac{治愈患者数}{受治患者数} \times 100\%$$

（4）某疾病好转率：即一定观察期间某疾病接受治疗的患者中好转的频率。

$$某疾病好转率 = \frac{观察期间某疾病好转人数}{同期该疾病治疗总人数} \times 100\%$$

（5）某疾病死亡率：表示在一定的观察期内，人群中因某病死亡的频率。

$$某疾病死亡率 = \frac{观察期间因某疾病死亡人数}{同期平均人口数} \times 100\,000/10万$$

（6）某疾病病死率：表示在规定的观察期内，某疾病患者中因该病死亡的频率。

$$某疾病病死率 = \frac{观察期间因某疾病死亡人数}{同期该疾病患者数} \times 100\%$$

（7）死亡率：表示某年某地每千人口死亡人数。

$$死亡率 = \frac{某年死亡总人数}{同年平均人口数} \times 100\%$$

（8）生存率：即患者能活到某时点（年）的生存概率，常用方法有直接法和寿命表法，直接法的计算公式如下。

$$n年生存率 = \frac{活满n年的人数}{观察满n年的人数} \times 100\%$$

（9）人均期望寿命：参见有关卫生统计学教科书。

（10）药物不良反应发生率：

$$药物不良反应发生率 = \frac{某药物不良反应人数}{接受某药物治疗人数} \times 100\%$$

3. 效果计量的步骤　效果的计量是一个对临床治疗结果进行标准化观察和测量的过程。效果的计量步骤如下：

（1）明确并细化研究目标：只有明确了研究目的，才能选择适宜的效果指标和测量工具。而为了更清楚地了解研究目的，需要对其进行细化，使研究问题能够转化成可回答的问题。关于研究目标的细化，可以参考循证医学研究中常采用的 PICO 原则（即 P: patient or population，患者或人群；I: intervention，干预措施，如不同的药物；C: comparison，比较措施，即对照组；O: outcome，结局指标），进行初始问题转化。

（2）确定观察角度：任何一项药物经济学研究都必须明确其服务对象，考虑结果信息的使用者及其关注的问题。如决策者、医师、患者或第三方付费者可能对不同的健康结果数据有不同的兴趣和需求。

（3）定义效果计量的内容：通常药物经济学评价研究的是实施干预方案后，随时间变化而产生的健康结果变化情况。效果计量的内容可包括干预方案对临床症状、疾病严重程度、生存率/死亡率或不良反应率等方面的影响。

（4）确定效果指标：研究者需要考虑根据理想的效果指标的特征找到适合的指标来反

映不同干预方案治疗前后和不同干预方案之间的健康状态变化情况，并以计量的结果来评价不同干预方案之间的效果差异，反馈给使用者。

（5）确定效果数据的采集对象：研究者需要考虑效果数据的不同采集对象可能带来的偏倚，如患者（或患者家属）自我报告、医师（或护士）观察/测量或其他卫生服务人员（如检验师等）提供等。这是因为，效果指标的计量和评价易受主观因素影响，即使是"硬指标"，也可能会有测量偏倚，且所有结果都需要人进行计量或解释，由此都可能带来主观偏倚。

（6）选择合适的效果计量工具：根据不同的研究目的、研究类型、效果指标，需要选择不同的效果计量工具。任何一种计量工具都有优点和缺陷，选择时需要考虑该工具能否满足研究目的和研究的需要，能否真实地反映患者的疾病变化情况，临床上是否可获得简单、可行和可靠的计量工具，是否可采用疾病或条件特异的计量工具来计量，该工具计量的结果是否可用于不同研究间的比较。另外，选择测量工具时还要考虑患者的期望、价值观和选择。

例如：乳腺肿物的检查主要有彩超和钼靶两种工具，由于作用原理不同，两者各有优缺点，适用人群也不同，应根据具体情况选用。青年女性行乳房彩超对肿块的辨识度高，还能分辨肿块是囊性还是实性、检查肿块的边界、查看肿块血流情况等；而中老年女性照钼靶的适应性更强，能看出彩超难以分辨的钙化点，而且更全面，更客观。

（7）设计合适的效果数据采集表格：采集效果数据时需要把患者一般情况（年龄、性别、基础疾病等）、患者接受的干预措施、患者的治疗反应及研究者的评定结果等内容清晰地登记在研究表格上。设计良好的数据采集表不仅便于研究者填写，能收集到准确完整的数据，而且便于数据管理，减少错误率。

若从原始临床研究（如随机对照试验、队列研究、病例对照研究等）中提取数据，常采用病例报告表（case report form，CRF）。若效果数据来自于二次研究（如 Cochrane 系统评价或 Meta 分析），常采用专门的数据提取表（data extraction form）。

病例报告表常用于临床试验或药物经济学研究，可同步收集成本和效果的资料，有纸质版和电子版两种形式，临床常用纸质版病历报告表。而数据提取表相对比较简单，可直接从系统评价或 Meta 分析中提取干预方案的效果指标，多用于药物经济学研究的模型分析，其设计等基本原则与病例报告表相似。

（8）效果的计量：利用合适的效果计量工具进行计量，然后填写效果数据采集表格，并对效果数据进行检查、核对和整理，以保证所得数据的准确、完整。数据的真实、准确、可靠、可信是药物经济学研究和评价的基石，只有准确、完整的数据才能得出正确的统计分析结果。

第三节　效用的识别与计量

一、效用的定义与分类

（一）效用的定义

效用的概念起源可以追溯到消费者行为理论，其基本假设为消费者所追求的目标是效用最大化，而效用指的就是产品或服务满足人们欲望或需要的能力。在医疗卫生领域中，健康效用是指人们对特定健康状态的偏好程度,这种偏好或意愿代表了社会或个人某种价值观念的取向,是消费者或患者对医疗干预措施结果的满意度判断。

一般设定死亡状态的健康效用值为 0,完全健康状态效用值为 1,若某种健康状态比死亡还要差,则其效用值为负。健康状态越糟糕,则健康效用值越低。非完全健康状态的效用值通常是在以完全健康和死亡为参照下测得的人们对其的偏好程度。健康效用值可理解为对特定健康状态赋予的生命质量权重,是计算质量调整生命年等健康产出指标的重要参数。

(二)效用的分类

在成本 - 效用分析中,最重要也是最常用的结果指标是质量调整生命年(quality-adjusted life years,QALYs),另外还有质量调整期望寿命(quality-adjusted life expectancy,QALE)等指标。

质量调整生命年是指用健康效用值作为生命质量权重调整后的生存年数,具体为某健康状态下生活的年数与该状态下健康效用值的乘积。如某一患者患有高血压,并伴有糖尿病,其健康效用值为 0.5,则表明人们对其的偏好程度只相当于对完全健康状态偏好的一半,而在该状态下生活 10 年,仅相当于在完全健康状态下生活 5 年(10×0.5＝5),即 5 个 QALYs。

质量调整期望寿命年是指用健康效用值作为生命质量权重调整后的预期寿命,具体为预期寿命与这段时间内健康效用值的乘积。质量调整生命年与质量调整期望寿命均能综合反映生命的"质"和"量",但前者用个人剩余的生命年数来表示生命的数量,因此得到的是个人的效用值,而后者由于同一年龄组人群的期望寿命相同,因此得到的是社会整体层面的人群效用值。

在流行病学中还有一个与质量调整生命年类似的分析指标伤残调整生命年(disability-adjusted life years,DALYs),该指标计算的是因疾病死亡和失能而损失的健康生命年,即包括提前死亡所致的寿命损失年(years of life lost,YLLs)及伤残引起的寿命损失年(years lived with disability,YLDs)两部分。伤残调整生命年与质量调整生命年反映的是健康的两个方面,前者是损失掉的生命年,是把失能状态调整为损失的生命年数再加上直接由早亡造成的损失生命年数,而后者则是尚保留的生命年,是把在不健康的生存状态下生活的年数折算为健康的生命年数。伤残调整生命年是一个基于整体人群研究的指标,且其中的权重系数并不基于偏好,因此在《中国药物经济学评价指南(2011 年版)》中不推荐在成本 - 效用分析中使用其作为结果指标,该指标主要用于测量各国或各地区的疾病负担情况。

二、效用的识别与计量方法

在药物经济学研究与评价中,效用识别时的重要任务之一是确定患者经干预方案治疗后哪些健康相关生命质量的维度会发生改变,从而使得患者的健康效用产生变化。

1957 年,WHO 在回顾 10 周年工作的大会上提出:"健康不仅仅是没有疾病或虚弱,而是指个体在身体、精神、社会方面处于一种完好的状态"。这一定义首次强调了人类生存不仅要重视数量,还要重视质量,由此引起了人们对生命质量(quality of life)的关注。而与临床医学领域相关的生命质量,又被称为健康相关生命质量(health-related quality of life,HRQoL)。

健康相关生命质量的主要维度包括身体功能、心理状态、独立生活和参与社会活动的能力等。在治疗过程中，各种干预方案会对患者的身体或精神产生作用，引起患者疾病客观状况的恶化、改善或治愈，病人在用药前、后也会产生不同的主观感受。因此，治疗的效用也受两类因素的影响：一类是治疗后的客观指标，如血压、呼吸、心率、血细胞计数等，它直接影响效用的大小；另一类是治疗后患者的主观感受，如症状减轻、功能恢复、精神好转等。

在进行效用识别时需要注意干预方案对患者短期和长期健康效用的影响，例如一些干预方案不仅可能会提高患者的短期生命质量，还可能延长患者的生命时间，此时干预方案所获得的质量调整生命年即为这两部分之和。如图 3-2 所示，在不进行医疗干预情况下（路径 1），患者的健康相关生命质量会不断恶化，患者会在时间 1 处死亡；而进行医疗干预后（路径 2），患者健康状况的恶化程度会得到缓解，并生存较长的时间，最终患者会在时间 2 处死亡。曲线下的面积为相应条件下的质量调整生命年，即健康效用值与生存年数的乘积，两条曲线的中间区域就是干预方案实施后所获得的质量调整生命年，即为区域 A 部分（生命质量的提高）及 B 部分（生命长度的延长）面积之和。

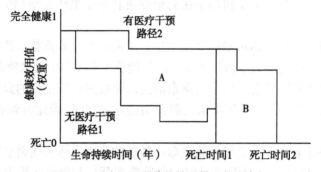

图 3-2 医疗干预所获得的质量调整生命年

在现实治疗中还有更为复杂的情况，进行医疗干预和不进行医疗干预两条路径可能存在交叉。例如，许多癌症干预方案可能会带来短期质量调整生命年的减少，而获得长期质量调整生命年的增加。还有一些情况，患者经不同干预方案治疗后其生命质量在很长一段时间内是一样的，在更长期才出现差异，如某些治疗高血压的药物，具有较好的耐受性，不良反应较小，但是最终患者的健康状态还是会转化为严重的心脏疾病。因此在效用识别时，需要根据疾病或研究对象的差异对健康效用的短期和长期变化进行充分识别。

对健康效用的计量主要取决于两个因素，一是人们对某种健康状态的偏好程度，即健康效用值或生命质量权重；二是在该状态下生存的时间，其中后一个因素较容易获得，关键在于如何测量用于计算质量调整生命年或质量调整期望寿命的健康效用值。本节将主要介绍健康效用值的直接及间接测量方法，以及如何通过其计算质量调整生命年。

（一）健康效用值的直接测量

1. 好于死亡的健康状态效用值的直接测量 视觉模拟标尺法（visual analogue scale，VAS）、时间权衡法（time trade-off，TTO）以及标准博弈法（standard gamble，SG）是三种最常用的直接测量方法（具体测量过程将在下文详细介绍）。这三种方法均可以测量人们对某种健康状态的偏好，但 VAS 以及 TTO 是在确定情形下进行的偏好测量，其测量结果被称为价值，而 SG 是在风险情形下进行的偏好测量，其测量结果则被称为效用值。

事实上，偏好、效用值及价值在很多时候被交替使用，但三者的内涵有所不同。其中偏好的内涵最广，效用值和价值是偏好的两种不同形式，两者最大的区别在于效用值反映的是在具有不确定性或一定风险情况下受访者基于自身偏好做出的选择，而价值则表示的是在确定情况下受访者做出的选择。其他的大多数方法，如等级评定法（rating scale，RS）、类别评定法（category scale，CS）、比值评定法（ratio scale，RS）等的测量结果均为价值，仅 SG 测量得到的是效用值，本书中所指的健康效用值是最广泛的偏好概念。

（1）视觉模拟标尺法：在采用 VAS 测量健康效用值时，用到的是一个类似于温度计的标尺，其长度可以是 10 或 20cm，如图 3-3 所示，标尺的顶端标有刻度 100（或 10），表示完全健康状态；底端的刻度为 0，表示最差健康状态。在实际应用中，受访者将参照这两个端点对健康状态的效用值进行评价，由于标尺上刻度值之间的绝对比率无意义，应对各状态在标尺上的间距进行对比，因此，正确测量偏好的方法是若受访者认为状态 B 相对于状态 C 的偏好程度是状态 A 与状态 B 间的 2 倍，则应将状态 B、C 间的距离标注为状态 A、B 间距离的 2 倍。

由于需要将测量结果转换到完全健康状态效用值为 1、死亡效用值为 0 的数值标尺上，因此，受访者应同时在 VAS 上对死亡的偏好进行打分，并通过公式 $U_2=(U_1-D)/(1-D)$ 对测量结果进行标准化，其中 U_1、D 分别为所需测量的健康状态和死亡在完全健康状态效用值为 1、最差健康状态效用值为 0 标尺中的测量值，U_2 为转换标尺后的结果，若该健康状态被评价为比死亡还要差，则 U_2 将得到一个负值。

（2）时间权衡法：1972 年，Torrance 等为医药领域专门设计了 TTO 来评价受访者对健康状态的偏好。测量时，受访者将面对两种选择，选择 1 表示在完全健康状态下生活 X 年，随后死亡；选择 2 表示在某种健康状态 A 下生活固定的 T 年时间（或受访者的剩余期望寿命年数），随后死亡，其中 $X<T$，如图 3-4 所示。改变 X 的大小，直到受访者认为两种选择没有区别，此时 X/T 的值即为状态 A 的效用值。若健康状态 A 与完全健康相比越差，受访者对其越不偏好，则测得的 X 值越小，效用值也越低，反之亦然。

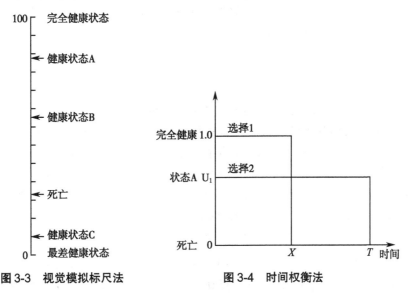

图 3-3 视觉模拟标尺法　　　　图 3-4 时间权衡法

在测量时，可以采用时间板作为视觉辅助工具，该工具被设计为上下两部分用以代表两种不同的选择，时间板的上部分为可以活动的颜色条块，在实际测量时调查员通过移动指针来表示在完全健康状态下生活年数的变化，下部分相对固定，表示在测量状态 A 下生活固定年数。

（3）标准博弈法：20 世纪 40 年代，Von Neumann-Morgenstern 首次提出了 SG，随后其被作为不确定性决策的经典方法。SG 包含两个选择：不确定的健康状态（选择 1）和确定的健康状态（选择 2，为需要测量的非完全健康状态），如图 3-5 所示。第一种选择是两种可能治疗结果的组合，即完全健康的概率为 P，死亡的概率为（$1-P$）。显然，若概率 P 为 1，即在接受某一治疗后，能保证完全恢复健康，则任何理性的受访者都会选择 1；若概率 P 为 0，即治疗的结果只能是死亡，则任何理性的受访者都会选择 2。改变概率 P 值的大小，直到受访者认为选择 1、2 没有差别时，此时的 P 值即为所测量状态的效用值。若受访者越不偏好该健康状态，则测得的 P 值越小，反之亦然。

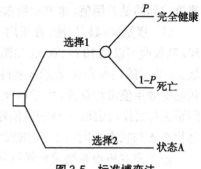

图 3-5 标准博弈法

SG 是在一种包含了概率的不确定结果及另一种确定结果之间的博弈，任何理性的决策者对确定结果的偏好都介于对不确定结果中最好和最坏可能的偏好之间。应用该方法时需确保受访者能理解概率的含义，为此，在实际操作中常采用概率轮作为视觉模拟道具。概率轮用两块不同颜色可转动的圆盘来表示不同的概率状况，通过调节两种颜色的相对大小来表示不确定选择中概率 P 的变化。使用概率轮时，往往从 1.0 或 0.0 的概率开始测量，然后转动圆盘，逐步缩小概率范围，直到受访者认为选择 1、2 没有差别为止。

2. 差于死亡的健康状态效用值的直接测量 TTO、SG 也可以用来测量差于死亡健康状态的效用值，但其操作程序与其在测量好于死亡健康状态的效用值时有所不同。另外，差于死亡的健康状态效用值在理论上没有最小值，而对于相同的健康状态，不同的受访者可能将其评价为好于或差于死亡，为了避免在计算健康状态效用均值时负值所占的权重过大，一般会将其值域范围转换为与好于死亡状态对称的 −1 到 0 之间。

知识链接

差于死亡的健康状态效用值的值域转换

差于死亡状态的健康效用值的值域转换主要有三种转换方法：首先是单调转换（monotonic transformation），由 Patrick 等在 1994 年提出，若效用值 U 小于 0，则转换后的结果 $U^*=U/(1-U)$；其次为线性转换（linear transformation），$U^*=U/\mathrm{Min}(U)$；第三为截尾转换（truncated transformation），当 $U<-1$ 时，令 $U^*=-1$。单调及截尾转换将完全或部分改变原效用值曲线的形状，而线性转换则不会。

（1）时间权衡法：当采用 TTO 测量好于死亡的健康状态效用值时，通过改变选择 1 中在完全健康状态下生活的年数 X，以使得受访者对其的偏好与选择 2 中在某种非完全健康状态 A 下生活固定年数 T 的偏好相同来得到状态 A 的效用值。由于选择 1 中在完全健康状态下生活的年数 X 不能为负，为此 Torrance 等设计了与其稍有不同的方法来测量差于死亡的健康状态的效用值。具体为受访者仍面临两种选择，其中选择 1 表示死亡，选择 2 表示在完全健康状态下生活 T_1 年，随后的 (T_2-T_1) 年将生活在差于死亡的健康状态 A 中，T_2 为受访者的剩余期望寿命年或某个固定的年数，改变 T_1 的大小，直到受访者认为两者无差异，状态 A 的效用值 $U=-T_1/(T_2-T_1)$，若 T_1 越大，则 U 越小，即表明状态 A 越差，受访者对其越不偏好。

该方法是测量差于死亡的健康状态效用值的经典方法，但不足之处在于将完全健康放在差于死亡的 A 状态之前，实际测量时一些受访者的真实心理可能是在过完完全健康的 T 年后选择自杀等极端方式结束生命，从而不用经历此后 (T_2-T_1) 年的 A 状态（尤其是当受访者认为 A 状态非常差时更易发生这种情况），这将导致对状态 A 所测得的效用值偏高，即低估了该状态的严重程度。

（2）标准博弈法：采用 SG 测量差于死亡健康状态的效用值如图 3-6 所示，选择 1 设定为完全健康的概率为 P，维持健康状态 A（差于死亡）的概率为 $(1-P)$，选择 2 为死亡。改变 P 的大小，当受访者认为两者无差异时，状态 A 的效用值 $U=-P/(1-P)$。相比测量好于死亡健康状态的效用值，采用 SG 测量差于死亡健康状态效用值时测量过程更为复杂、耗时，即使采用概率轮作为视觉模拟工具，一些老年人、文化程度较低的受访者

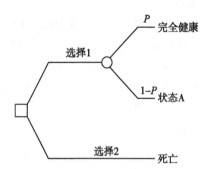

图 3-6　标准博弈法（测量差于死亡健康状态效用值）

仍不易很好理解概率这一概念，这些因素都将可能导致测量的结果产生偏误。

（二）健康效用值的间接测量

健康效用值还可以通过建立了效用值积分体系的生命质量量表间接测量得到。效用值积分体系与生命质量量表配套使用，可以将量表中对健康状态的定性测量结果转换为计算质量调整生命年或质量调整期望寿命年的关键参数——健康效用值。该体系是通过 VAS、TTO、SG 等建立的一套表格或算法，其构建的基本思路是选取一定数量有代表性的人群直接测量量表中少数健康状态的效用值，再根据多维效用函数或计量经济学方法建立合适的模型以预测所有健康状态的效用值。

欧洲五维健康量表（EuroQol five-dimensional questionaire，EQ-5D）、六维健康调查短表（short form 6D，SF-6D）及健康效用指数量表（health utility index，HUI）是国际上最常用的基于偏好的普适性量表，适用于一般人群。另有一些疾病特异性量表也建立了效用值积分体系，如五维膀胱过动症量表（overactive bladder questionnaire，QAB-5D），妇女绝经期生命质量量表（menopause specific health quality of life questionnaire）等。以下将对各常用量表进行介绍，量表描述及其使用最广泛的效用值积分体系详见附录。

1. 欧洲五维健康量表　由 EuroQol Group 研究开发的 EQ-5D 量表具有简单明了、易于操作、应用面广、可信度高等特点，是国际上使用最为广泛的通用量表之一，英国健康与临床优化研究所（National Institute for Health and Clinical Excellence，NICE）等机构还将其推荐作为成本 - 效用分析首要的生命质量测量工具。

EQ-5D 量表的主体为包含五个问题的自评健康状况问卷，分别用于测量受访者当天的行动能力、自我照顾能力、日常活动能力、疼痛或不舒服、焦虑或抑郁五个维度是处在没有

任何困难、有些困难或有极度困难中的哪种水平,采用一组数字来反映和记录该健康状态,如 21223,其中数字越大表示在某一方面越有困难,量表共可描述 243 种(3^5)健康状态,其中 11111 表示完全健康,33333 是量表所能描述的最差健康状态。由于该量表中的五个维度均包含三个水平,也被称为 EQ-5D-3L 量表,EuroQol Group 在此量表的基础上开发了 EQ-5D-5L 量表,即每个维度中包含五个水平(分别为没有任何困难、有轻微困难、有中等困难、有严重困难、有极其严重困难),EQ-5D-5L 量表可以在一定程度上解决 EQ-5D-3L 量表的天花板效应(ceiling effect)以及对不同健康状态有效区分的问题。EQ-5D-5L 量表在我国的应用还较少,因此本书下文所介绍的 EQ-5D 量表以及其效用值积分体系等均针对的是 EQ-5D-3L 量表。

1997 年,英国学者 Dolan 等采用 TTO 直接测量 EQ-5D 量表中 42 个健康状态效用值,并通过计量经济学方法构建预测模型得到了该量表的首个积分体系(附表 1),其结果受到公认并被许多国家或地区所引用,设计方法对此后的研究具有重要的参考意义,美国、日本等国的积分体系均是在此基础上建立起来的。2012 年,伍红艳、孙利华、刘国恩等人采用 TTO 直接测量以及计量经济学方法构建了 EQ-5D 量表基于中国城市人群偏好的效用值积分体系。

知识链接

国外 EQ-5D 量表效用值积分体系研究概况

早在 20 世纪 90 年代,国外就已经开始了构建 EQ-5D 量表效用值积分体系的研究,均采用的是计量经济学方法建立预测模型,但在直接测量中,比利时、新西兰、芬兰、斯洛文尼亚等采用的是 VAS 方法,美国、日本、韩国、津巴布韦等采用的是 TTO 方法;英国、丹麦、西班牙、德国等则采用两种方法进行了测量并分别构建了不同的积分体系。由于 TTO 具有重测信度高,更能有效表达受访者偏好等特点,后续的大多数研究都采用的是该方法。EQ-5D 量表具有操作简单、可信度高等特点,近年来包括一些发展中国家在内的许多国家也已开始构建基于本国或本地区人群偏好的效用值积分体系,主要有法国、加拿大、波兰、阿根廷、智利等。

2. 六维健康调查短表 SF-6D 量表是在健康调查简表(the short form 36,SF-36)的基础上发展起来的,其目的也是构建健康调查简表的效用值积分体系。SF-6D 量表分别用六个问题来反映身体功能、角色限制、社会功能、疼痛、心理健康及活力,每个维度的水平数为 4～6 个,量表共能描述 18 000 种健康状态,与 EQ-5D 量表类似,可采用一组六个数字来表示特定的健康状态。

2002 年,英国学者 Brazier 等采用 SG 直接测量了量表中 249 个健康状态的效用值,并用计量经济学方法构建预测模型,这是 SF-6D 量表建立的首个效用值积分体系(附表 2)。但由于所得结果中存在一些逻辑不一致的情况,如当疼痛处于第 2 水平(不影响正常工作)时系数值为 −0.047,处于第 3 水平(轻微影响正常工作)时的系数值则为 −0.025,表明当所有其他维度处于相同的健康水平时,前者的效用值低于后者,这与实际情况不符,产生这一现象的原因可能是受访者对这些水平的偏好没有太大差异所致,为此 Brazier 与 Roberts 于

2004 年将这些不一致的变量进行了合并，构建了新的效用值积分体系。此外，日本以及中国香港等也建立了基于本国或本地区人群偏好的 SF-6D 量表效用值积分体系。

3. 健康效用指数量表 HUI 量表共有三个版本（HUI1、HUI2、HUI3），其中 HUI3 量表有着更详细的描述系统和完整的结构独立性，因此在多数情况下是主要的分析工具。HUI3 量表包括视觉、听觉、语言、行动、手指灵活性、情感、认知和疼痛八个维度，每个维度有 5～6 个水平，量表共能描述 972 000 种健康状态。HUI2 量表包括一些特殊的维度，这使得该量表适用于某些特定的研究，如与自我照顾、情感（主要关注担心或焦虑）以及生育相关的研究。此外，HUI2 量表通常还可以作为补充量表或用于进行不确定性分析。具体来看，HUI2 量表包含感知、运动、情感、认知、自我照顾、疼痛和生育七个维度，每个维度有 3～5 个水平，量表共能描述 24 000 种健康状态。

HUI2 量表以及 HUI3 量表的效用值积分体系最早分别是由 Torrance 等及 Feeny 等基于加拿大人群的偏好建立起来的（附表 3、4）。与 EQ-5D 量表及 SF-6D 量表不同的是，HUI2 及 HUI3 量表的效用值积分体系是采用 VAS 以及 SG 直接测量其中一些健康状态的效用值，并采用多维效用函数构建起来的。

4. 其他疾病特异性生命质量量表 QAB-5D 量表的前身是包含 33 个条目的膀胱过动症生命质量量表（QAB-q），用于测量疾病对患者在尿急、尿失禁、睡眠质量、在公众场合的正常活动、尴尬担忧五个方面的影响，每个维度分为五个水平的严重程度，量表共能描述 3125 种健康状态。Yang 等采用 TTO 直接测量以及计量经济学模型构建了其基于英国人群偏好的效用值积分体系（附表 5）。

妇女绝经期生命质量量表分为潮热、关节或肌肉疼痛、焦虑或担心、乳房萎缩、出血、雌激素水平变化、阴道干燥七个维度，每个维度包含 3～5 个严重水平，量表共能描述 6075 种健康状态。Brazier 等同样也采用 TTO 直接测量以及计量经济学模型构建了其基于英国人群偏好的效用值积分体系（附表 6）。

（三）健康效用值测量方法选择及结果运用时需注意的问题

VAS、TTO 及 SG 是三种最常用的健康效用值直接测量方法。其中 VAS 和 TTO 测得的是在确定情形下受访者对某种健康状态的偏好，称之为价值；SG 则在测量过程中包含了风险因素，是在不确定情形下对偏好进行的测量，得到的结果为效用值。在现实中，人们对未来的健康水平不可预知，具有一定的不确定性，因此 SG 所测得的效用值更能反映人们的真实偏好，但该方法较为复杂，需要受访者有较高的配合程度和理解能力，其在实际应用中具有一定的难度。VAS 是三种方法中最为简单的一种，过去的研究表明 SG 与 VAS 的测量结果（分别用 U 和 V 来表示）间存在幂函数关系，即 $\ln(1-U)=\alpha\ln(1-V)$，具体的函数关系可以从文献中获得，也可对一些健康状态同时采用 VAS 及 SG 测量，再通过简单线性回归的方法得到参数 α，以此确定转换关系式。TTO 与 SG 类似，也是让受访者在两种情况下进行选择来测量其偏好，但 TTO 未包含概率的概念，因此更容易被受访者理解。此外，该方法还具有重测信度高等特点，因而其在实践中有非常广泛的应用，如大部分国家和地区建立 EQ-5D 量表效用值积分体系时采用的即是 TTO 来直接测量量表中少数健康状态的效用值。

当选择生命质量量表对健康效用值进行间接测量时，由于不同量表其效用值积分体系构建所选取的偏好测量对象、方法、预测模型等可能存在差异，因此在应用量表的测量结果或将不同测量结果进行比较时需要注意。如 A 研究项目是评价甲、乙两个改善妇女绝经期健康状况的干预方案对患者生命质量的影响，B 研究项目是评价丙、丁两个治疗糖尿病的干预方案对患者生命质量的影响，其中 A 项目采用的是妇女绝经期生命质量量表测量研究对象的生命质量变化，而 B 项目的测量工具是 EQ-5D 量表，结果表明甲方案比乙方案以及丙方案比丁方案均带来 1 个 QALY 的效用增加。但由于妇女绝经期生命质量量表效用值积分体系建立时其偏好来源为具有该症状的患者人群，而 EQ-5D 量表相应的偏好来源为一般人群，因此甲方案比乙方案以及丙方案比丁方案带来的相同效用增加不是完全等价的。

（四）健康效用值直接测量与间接测量的比较

采用直接测量的方法获取健康效用值烦琐耗时，要求受访者对测量过程有较高的理解能力，测量结果在不同研究项目间的普适性较差。而采用建立了效用值积分体系的生命质量量表进行间接测量将大幅减少测量的复杂性，当样本人数较多时该方法更具有可行性，另外，若不同的研究项目采用的是同一量表其结果还具有一定的可比性，具体比较如表 3-3 所示。

表 3-3　直接测量与间接测量间的比较

	直接测量	间接测量
区别	烦琐	简单
	耗时	方便
	健康效用值在不同项目间需重复测量	形成量表的效用值积分体系，结果可用于所有项目
联系	在建立生命质量量表效用值积分体系时需要采用直接测量的方法获取一部分健康状态的效用值	

（五）质量调整生命年的计算实例

质量调整生命年的计算需要两部分数据，一是确定患者健康状态路径以及每个健康状态的持续时间，二是健康状态的效用值，在具体计算时，可如图 3-2 所示绘制出相应的图形。以下将通过两个简单的计算实例进行示范，当研究者在处理复杂情况时，其原理相同。

【例 3-3】 某患者经治疗后可在 EQ-5D 的 12122 状态下生活 10 年，分别采用英国和中国的效用值积分体系计算其质量调整生命年为多少？

解：用 U 表示健康效用值，$U = 1-(\alpha+MO+SC+UA+PD+AD+N3)$，其中 α 为常数项，MO 表示行动水平，SC 表示自我照顾水平，UA 表示日常活动水平，PD 表示疼痛或不舒服水平，AD 表示焦虑或抑郁水平，若健康状态中至少有一个维度为水平 3 时需要用到 N3 变量，其他情况 N3 取 0 值。

采用英国的效用值积分体系计算，$U = 1-(0.081+0+0.104+0+0.123+0.071) = 0.621$，质量调整生命年为 $0.621 \times 10 = 6.21$ QALYs；

采用中国的效用值积分体系计算，$U = 1-(0.039+0+0.105+0+0.092+0.086) = 0.678$，质量调整生命年为 $0.678 \times 10 = 6.78$ QALYs。

【例 3-4】 干预组与对照组均有 30 名患者，两组患者的基线 EQ-5D 状态均为 32233。干预组患者经 6 个月治疗后有 40% 的患者状态变为 22222，60% 的患者状态变为 22232，一年后所有患者的状态变为 22122。对照组患者经 6 个月治疗后所有患者状态变为 22232，一年后所有患者状态变为 22222。请用图形的方式描绘出两组患者质量调整生命年的状况，并计算两组患者的质量调整生命年（采用中国的效用值积分体系计算）以及干预方案的效果⊿QALY。

解：质量调整生命年用图3-7表示如下。

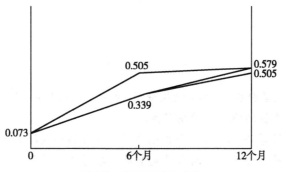

图3-7　质量调整生命年

干预组与对照组在治疗周期中的健康效用值如表3-4所示。

表3-4　计算所得健康效用值

时间	干预组（T）			对照组（C）		
	健康状态	效用值	人数	健康状态	效用值	人数
0个月	32233	0.073	30	32233	0.073	30
6个月	22222	0.505	12	22232	0.339	30
	22232	0.339	18			
12个月	22122	0.579	30	22222	0.505	30

QALY（T）=（0.073+0.505）×0.5×0.5×12+（0.073+0.339）×0.5×0.5×18+（0.505+0.579）×0.5×0.5×12+（0.339+0.579）×0.5×0.5×18=10.971 QALYs

QALY（C）=（0.073+0.339）×0.5×0.5×30+（0.339+0.505）×0.5×0.5×30=9.420 QALYs

⊿QALY=1.551 QALYs

（刘茂柏　伍红艳）

思考题

1. 效益、效果及效用三种指标的主要区别与联系是什么？

2. 效益指标不同测量方法的特点是什么？

3. 理想的效果指标通常应具备哪些特征？

4. 在我国的药物经济学评价中直接采用国外量表的效用值积分体系结果计算健康效用值是否可行？为什么？

第四章　成本与收益的比较——药物经济学评价方法

 学习要求

　　掌握：成本 - 效益分析、成本 - 效果分析、成本 - 效用分析、最小成本分析的概念、计算方法、判定经济性的准则和适用范围。

　　熟悉：药物经济学评价指标与公共领域经济评价指标间的关系。

　　了解：公共经济学评价指标的常见类型及其求算方法及判定经济性的准则。

　　药物经济学评价的核心内容是评价干预方案的经济性。对事物进行评价，首先应确定进行评价和比较的依据和标准，即评价指标。与药物的安全性、有效性评价一样，干预方案的经济性评价也需要借助一系列评价方法和相应的评价指标。这些用于评价干预方案经济性的方法和指标称为药物经济学评价方法和药物经济学评价指标。

　　药物经济学评价立足于公共经济评价领域的共性平台，同时又有着诸多的医药领域特色。因此本章首先概要地介绍公共经济评价领域常用的经济评价指标及其分类，侧重介绍其中的与药物经济学研究与评价关系较为密切的价值性指标和效率性指标，并在此基础上重点介绍药物经济学评价方法和指标。

第一节　经济评价常用指标

一、经济评价指标概述

　　在公共经济评价领域中，用于评价备选方案经济性的指标多种多样，它们从不同的角度反映备选方案的经济性。这些经济性评价指标通常可分为三类：时间性指标、价值性指标、效率性指标（也叫比率性指标）。所谓时间性指标是指用来反映项目对所投资金的回收或清偿速度的指标，如投资回收期、贷款偿还期等。价值性指标是指用来反映项目净收益绝对量大小的指标，反映项目的获利能力，如净现值、费用年值等。效率性指标是指用来反映项目所投资金的使用效率的指标，如净现值率、内部收益率、外部收益率、效益 - 成本比、简单投资收益率等指标。这些指标均从成本和收益两大方面综合考虑备选方案的经济性，且收益基本均采用货币形态予以计量，因此运用上述评价指标的方法可以视为广义的成本 - 效益分析。

　　此外，如果按照是否考虑资金的时间价值因素进行分类，则上述三类指标又可分为动态经济评价指标（考虑资金时间价值的指标，如净现值、动态投资回收期等）和静态经济评价指标（不考虑资金时间价值的指标，如静态投资回收期、简单投资收益率等）两大类，相应的评价方法分别称为动态分析法和静态分析法。静态评价指标的优点是计算简便、直观、容易为非经济专业人员所理解；其缺点在于没有考虑客观存在的资金时间价值，因此静态分析法不足以对备选方案的经济性做出准确的判定。鉴于此,静态评价指标主要用于成本、收益数据不完备和不精确的备选方案初选阶段,动态评价指标则用于最终决策前的研究与评价阶段。也即,静态评价指标仅适用于提供粗略的、初步判定结果,真正为决策提供依据的是动态评价指标。

时间性指标在公共经济评价领域虽为不容忽视的一类指标,但仅是重要的辅助性指标,加之其在药物经济学评价领域尚少有应用,因此本教材仅对价值性指标和效率性指标予以介绍。

二、价值性指标

价值性指标是公共经济评价领域用来反映投资项目净收益绝对量大小的指标,常用的指标包括净现值、净年值、现值成本、年成本。

(一)净现值

1. 定义及表达式　净现值(net present value, NPV)指标是对项目进行动态经济评价的最重要指标之一。净现值是把不同时点所发生的净现金流量,通过给定的基准折现率折现而得的现值代数和。也就是按一定的折现率将方案在整个实施期内各年的效益及成本均折现,所得的效益(正现金流量)现值与成本(负现金流量)现值的代数和就是净现值。净现值的表达式为式(4-1):

$$NPV = B - C = \sum_{t=0}^{n} b_t (1+i_0)^{-t} - \sum_{t=0}^{n} c_t (1+i_0)^{-t} = \sum_{t=0}^{n} F_t (1+i_0)^{-t} \tag{4-1}$$

式中, NPV 为净现值; B 为各年收益的现值之和; C 为各年成本的现值之和; F_t 为第 t 年末的净现金流量; b_t 为第 t 年末发生的收益; c_t 为第 t 年末发生的成本; n 为方案运行的年限; i_0 为基准折现率。

假如 b_t 在 $1 \sim n$ 年内的值是等额的,即 $b_1 = b_2 = \cdots\cdots = b_n$,则各年收益的现值之和 B 可运用式(4-2)求算:

$$B = b_t \frac{(1+i_0)^n - 1}{i_0(1+i_0)^n} \tag{4-2}$$

同理,如果 c_t 在 $1 \sim n$ 年内的值是等额的,即 $c_1 = c_2 = \cdots\cdots = c_n$,则各年的成本现值之和 C 的求算与各年收益的现值之和 B 的求算方法相同,不再赘述。

2. 判别准则

(1)对单一方案而言,若 $NPV \geq 0$,则表明方案的效益现值大于成本现值,方案经济;即从经济性角度而言,方案应予以接受。若 $NPV < 0$,则表明方案的效益现值小于成本现值,方案不经济;即从经济性角度而言,方案应予以拒绝。

(2)对寿命期相同的多个备选方案比较选优时, NPV 越大的方案其经济性越好(净现值最大准则)。

【例4-1】　拟实施的全社会性的针对某种疾病的预防方案,有关的成本和收益数据如表4-1所示。用净现值指标判断该方案的经济性。已知贴现率为5%。

表4-1　某疾病预防方案现金流量表　(单位:元)

年份	0	1	2	3	4	5	6
成本	100 00	5260	5260	5260	3100	3100	3100
收益	0	7785	7785	7785	6940	6940	6940

解：$NPV = -100\,00 + \sum_{t=1}^{3}(7785 - 5260)(1 + 5\%)^{-t} + \sum_{t=4}^{6}(6940 - 3100)(1 + 5\%)^{-t} = 5907.74(元)$

因为该方案的 $NPV > 0$，所以实施该方案是经济的。

由于本例中 1～6 年每年的成本和收益数额均相等，所以也可用下式求算：

$$NPV = -10\,000 + (7785 - 5260) \times \frac{(1 + 5\%)^3 - 1}{5\% \times (1 + 5\%)^3} + (6940 - 3100) \times$$

$$\frac{(1 + 5\%)^3 - 1}{5\% \times (1 + 5\%)^3} \times (1 + 5\%)^{-3} = 5907.74(元)$$

值得注意的是，净现值指标在药物经济学评价领域的运用日益广泛，但在药物经济学领域称其为"净效益（net benefit）"，两者所指的内容一致，但称谓不同。在公共经济评价领域通常不认同净效益这一词汇，主要在于该词汇容易产生误导，使人们错误地认为净现值（净效益）等同于净收益，也即去除成本后的实际所得或盈利。显然，这将不利于正确理解经济评价指标值的经济内涵。

（二）净年值

1. 定义及表达式　净年值（net annual value, NAV），是指通过资金等值换算将项目或方案计算期内的净现值按给定的基准折现率分摊到项目或方案整个寿命期内各年（从第一年到第 n 年）的值（称作等额年值）。其表达式如式（4-3）所示：

$$NAV = NPV \frac{i_0(1 + i_0)^n}{(1 + i_0)^n - 1} \tag{4-3}$$

式中，NAV 为净年值；其他符号意义同式（4-1）。

2. 判别准则

（1）对单一方案而言，若 $NAV \geq 0$，则表明该方案具有经济性，方案可行；反之，则方案不经济。

（2）对多方案比较选优情况，NAV 越大的方案经济性越优（净年值最大准则）。

净年值与净现值是等效评价指标，其对方案的经济性评价结论总是一致的。净年值指标的特点是既适于寿命期相同的备选方案直接比选，也适于寿命期不同的备选方案的直接比选。

【例 4-2】　仍以例 4-1 为例，求该方案的净年值。

解：该方案的净年值为

$$NAV = 5907.74 \times [5\% \times (1 + 5\%)^6] / [(1 + 5\%)^6 - 1]$$
$$= 1163.94(元)$$

净年值大于 0，该方案具有经济性。

（三）现值成本

在对多个方案进行经济性比较选优时，如果各备选方案的产出结果或收益相同，或备选方案均能满足相同的预期目标但其产出结果或收益难以用货币形态计量时，将方案结果货币化变得没有必要或不可能。这种情况下，可以忽略被比较方案之间相同的部分——结果或收益，而仅仅比较它们之间不同的部分——费用或成本。现值成本即是用于此类情况下的评价指标。

1. 定义及表达式　现值成本（present cost, PC），也叫费用现值，是指按基准折现率，将方案寿命期内各个不同时点的费用或成本折现所得的现值之和。其表达式如式（4-4）所示：

$$PC = \sum_{t=0}^{n} c_t(1 + i)^{-t} - S(1 + i_0)^{-n} \tag{4-4}$$

式中，PC 为现值成本（费用现值）；C_t 为第 t 年末的费用（包括投资和经营成本等）；S 为 n 年末的资产残值。

2. 判别准则 现值成本只能用于多个备选方案的经济性比较和选优，其判别准则为：现值成本最小的方案经济性最优。

【例4-3】 实施某项目标受众为中老年人的干预方案，需要一次性投入 3000 万元，此后维持干预需每年投入成本 950 万元，干预方案需持续 5 年，5 年末该干预方案的残值为 200 万元。求算该干预方案的现值成本（已知 $i_0 = 10\%$）。

解：根据式（4-4），可得该干预方案的现值成本如下：

$$PC = 3000 + \sum_{t=1}^{5} 950(1+10\%)^{-t} - 200(1+10\%)^{-5} = 6477 （万元）$$

或

$$PC = 3000 + 950 \times \frac{(1+10\%)^5 - 1}{10\% \times (1+10\%)^5} - 200 \times (1+10\%)^{-5} = 6477 （万元）$$

（四）年成本

1. 定义及表达式 年成本（annual cost, AC），也叫费用年值，是指在给定的基准折现率下，将方案寿命期内各个不同时点的成本以等额的形式分摊到寿命期内各年的值。或者说，年成本是现值成本等额分摊到寿命期内每一年的值。其表达式如式（4-5）或式（4-6）所示：

$$AC = \left[\sum_{t=0}^{n} c_t(1+i_0)^{-t}\right] \frac{i_0(1+i_0)^n}{(1+i_0)^n - 1} - S \frac{i_0}{(1+i_0)^n - 1} \tag{4-5}$$

或

$$AC = PC \frac{i_0(1+i_0)^n}{(1+i_0)^n - 1} \tag{4-6}$$

式中，AC 为年成本，其余符号的意义同式（4-4）。

与成本现值类似，年成本指标也是在各备选方案的产出结果或收益相同，或备选方案均能满足相同的预期目标但其产出结果或收益难以用货币形态计量的情况下使用。

2. 判别准则 与现值成本相同，年成本只能用于对多个备选方案经济性的比较和选优，其判别准则为：年成本最小的方案经济性最优。

【例4-4】 运用例4-3，试求算其年成本。

解：根据公式（4-6）可得该方案的年成本为

$$AC = 3000 \times \frac{10\% \times (1+10\%)^5}{(1+10\%)^5 - 1} - 200 \times \frac{10\%}{(1+10\%)^5 - 1} + 950 = 1708 （万元）$$

或

$$AC = 6477 \times \frac{10\% \times (1+10\%)^5}{(1+10\%)^5 - 1} = 1708 （万元）$$

三、效率性指标

效率性指标是指用来反映项目所投资金的使用效率的指标，如净现值率、内部收益率、外部收益率、效益 - 成本比等指标。鉴于药物经济学评价领域的实际情况，本教材只介绍国内外常用的公共领域经济学评价最常用的指标，以及与药物经济学评价方法和指标密切相关的效率性指标。

（一）内部收益率

1. 定义及表达式 内部收益率（internal rate of return，IRR），是指投资项目在寿命期内没有回收的投资的盈利率。简单地说，是使方案的净现值等于零时的折现率。其表达式如式（4-7）所示：

$$NPV = \sum_{t=0}^{n} b_t(1+IRR)^{-t} - \sum_{t=0}^{n} c_t(1+IRR)^{-t} = \sum_{t=0}^{n} F_t(1+IRR)^{-t} = 0 \tag{4-7}$$

式中，IRR 为内部收益率，其他符号的意义同式（4-1）。

式（4-7）是一个一元高次方程，不容易直接求解，通常采用内插法求 IRR 的近似值。求解过程如下：先分别求出 i_1、i_2 所对应的净现值 $NPV(i_1)$、$NPV(i_2)$，使其中的 $NPV(i_1)>0$、$NPV(i_2)<0$，并满足 $i_2-i_1 \leqslant 5\%$，则可由式（4-8）求得 IRR 的近似值：

$$IRR = i_1 + \frac{|NPV_1|}{|NPV_1| + |NPV_2|}(i_2 - i_1) \tag{4-8}$$

2. 判别准则 内部收益率是国内外经济学评价最常用的指标之一，运用内部收益率指标对方案的经济性进行判定时，需要与基准折现率 i_0 作比较，其判别准则为：

（1）若 $IRR \geqslant i_0$，说明该方案具有经济性，可接受；

（2）若 $IRR < i_0$，说明该方案不具有经济性，应拒绝。

【例 4-5】 假定现有针对某种疾病的预防方案，该方案的实施可降低该病的发病率，并由此节约发病后的治疗费用。有关成本和收益数据如表 4-2 所示。已知基准贴现率为 8%，试判断该预防方案的经济性。

表 4-2 某疾病预防方案现金流量表 　　　　　　　　　　　　（单位：元）

年份	0	1	2	3
成本	10 000	10 000	10 000	10 000
收益	0	14 000	14 000	14 000

解：由下式求算 IRR

$$NPV = -10\,000 + (140\,00 - 10\,000) \times \frac{IRR \times (1+IRR)^3}{(1+IRR)^3 - 1} = 0$$

取 $i_1 = 8\%$，得 $NPV_1 = 308$

取 $i_2 = 10\%$，得 $NPV_2 = -52$

$$IRR = 8\% + (10\% - 8\%) \times \frac{308}{308 + 52} = 9.71\%$$

由于 $IRR > i_0$，所以实施该预防方案是经济的。

（二）效益 - 成本比

1. 定义及表达式 效益 - 成本比（benefit-cost rate，B/C）指标，是指方案在寿命期内各年效益的现值之和与各年成本的现值之和的比值。其表达式如式（4-9）所示：

$$B/C = \frac{\sum_{t=0}^{n} b_t(1+i_0)^{-t}}{\sum_{t=0}^{n} c_t(1+i_0)^{-t}} \tag{4-9}$$

式中，B/C 为效益 - 成本比；b_t 为备选方案在第 t 年末的效益；c_t 为备选方案在第 t 年末的成本；n 为方案的寿命期；i_0 为基准贴现率。

当方案的寿命期小于 1 年（即 n<1）时，成本和收益均无须贴现，效益 - 成本比的求算可简化为寿命期内的各项效益之和与各项成本之和的比，如式（4-10）：

$$B / C = \frac{\sum b}{\sum c} \tag{4-10}$$

2. 判别准则　运用效益 - 成本比对方案的经济性进行判定时，其判别准则如下：

（1）若 B/C≥1，则表明该方案是经济的，也即该方案从经济性角度来看可以接受；

（2）若 B/C<1，则表明该方案不经济，也即该方案从经济性角度来看应予以拒绝。

【例 4-6】　针对某特定人群，现有针对该人群的某重大疾病的筛查方案，初始筛查成本为 360 万元，其后每年的监测成本为 4.5 万元，因该方案的实施实现了疾病的早期发现和治疗，由此而节约的治疗成本为每年 32 万元。该方案的实施周期为 50 年。假定基准贴现率为 5%，试判定该筛查方案的经济性。

解：由式（4-9）得：

$$B / C = \frac{\sum_{t=0}^{50} 32(1+5\%)^{-t}}{360 + \sum_{t=1}^{50} 4.5(1+5\%)^{-t}} = 1.32$$

由于 B/C>1，所以实施该筛查方案是经济的。

【例 4-7】　针对某地区儿童的流感疫苗接种方案，其成本包括疫苗及其存储、护理人员培训和管理、接种后 ADR 的处理费用，收益为接种疫苗而节省的治疗费用。按平均发病率为 15/100 000 测算，预计该方案的实施所需总成本为 1930 万元，由此而节省 1730 万元。试判定该方案的经济性。

解：由式（4-10）可得：

$$B / C = \frac{1730}{1930} = 0.89$$

由于 B/C 小于 1，所以针对该地区儿童的流感疫苗接种方案不经济。

第二节　成本 - 效益分析

成本 - 效益分析（cost-benefit analysis，CBA）是药物经济学最基本的评价方法之一，也是该领域应用最早的评价方法，更是在现有的药物经济学评价方法中唯一能够对医药领域与非医药领域项目间进行经济性评价以及不需要设定外在的阈值即可以对方案的经济性进行评价的方法，在药物经济学研究中占有重要地位。

一、成本 - 效益分析的定义

成本 - 效益分析（CBA）是对干预方案的全部成本和全部收益均以货币形态予以计量和描述，并对货币化了的成本和收益进行比较，进而对某个拟实施的干预方案或多个可供选择的干预方案的经济性做出判定和比较的一种方法。通常情况下，只有效益不低于成本的方案才是经济的方案或称之为具有经济性的方案。与药物经济学其他评价方法相比，成本 - 效益分析的最大特点是对干预方案的收益以货币形态计量。

不难发现，成本 - 效益分析来源于公共经济评价指标中的效益 - 成本比指标，是该指标在药物治疗领域的应用。经济评价早已在诸多领域得到广泛的应用，然而，将经济评价指标与方法应用于医疗尤其是药物治疗方面却为时较晚。在过去相当长的时期内，医疗必需（medical necessity）和社会责任（social responsibility）是医药卫生决策中占据绝对主导地位的决策依据，医疗卫生决策无须考虑成本以及成本和收益的比较等经济问题。直到 1966 年，瑞思（Rice）的《估算疾病的成本》(《Estimating the Cost of Illness》)一文拉开了医疗领域应用成本 - 效益分析的序幕。1970 年，埃可顿（Acton）对心肌梗死（当时美国该病的死亡人数占全国死亡人数的 1/3）的预防进行了成本 - 效益研究，首次将成本 - 效益分析应用于医药卫生领域。1977 年，Weistein & Staton 提出为合理分配和利用有限的卫生资源，必须采用成本 - 效益分析，并由此引发了一系列关于成本 - 效益分析在医疗保健领域应用的研究和讨论，引起了医学工作者、药学工作者及医药卫生决策部门和人员的重视与关注。其后，大量专家、学者和研究人员对成本 - 效益分析在医疗卫生领域的应用进行了更为广泛、深入和全面、细致的研究与拓展。

二、成本 - 效益分析的指标及判别准则

（一）指标及其计算

成本 - 效益分析的常用指标主要是效益 - 成本比（benefit-cost rate）。效益 - 成本比是指某干预方案带来的总效益和总成本之间的比值，也即干预方案在整个实施期或作用期内的全部效益之和与全部成本之和的比值。效益 - 成本比指标一般表示为 B/C。效益 - 成本比的计算，按照实施干预方案所需的时间是否达到或超过 1 年而确定是否考虑资金的时间价值。

如果实施干预方案所需的时间短于 1 年，则其效益 - 成本比指标的求算无需对成本和收益进行贴现，只需计算在分析计算期内的效益之和与成本之和的比值。其表达式如式（4-11）表示：

$$B / C = \sum_{t=0}^{n} b_t \bigg/ \sum_{t=0}^{n} c_t \tag{4-11}$$

式中，B/C 为效益 - 成本比；b_t 为备选方案在第 t 年末的效益；c_t 为备选方案在第 t 年末的成本；n 为治疗周期（备选方案发生成本、收益的年限）。

如果干预方案的实施或作用、影响期达到或超过 1 年，则需按一定的贴现率将方案在整个实施或作用期内的效益及成本进行贴现，所得的效益现值与成本现值之比为效益 - 成本比指标。其表达式如式（4-12）所示：

$$B / C = \frac{\sum_{t=0}^{n} b_t(1+i)^{-t}}{\sum_{t=0}^{n} c_t(1+i)^{-t}} \tag{4-12}$$

式中，i 为贴现率，其他符号同式（4-11）。

（二）判别准则

由于成本 - 效益分析的指标效益 - 成本比中，成本和效益均以货币计量，成本和效益的

单位相同，因此成本 - 效益分析具有内生的判定方案经济性的"金标准"——1。且无论是静态效益 - 成本比还是动态效益 - 成本比，其判定干预方案经济性的准则是相同的。具体如下：

1. 对单一方案，若 $B/C \geqslant 1$，则表明实施该方案是经济的，也即该方案从经济性角度来看可以接受或方案具有经济性；反之，则该方案不经济或方案不具有经济性。

2. 对多个可供选择的干预方案（只能选择其一）进行经济性比较、选优时，直接按照不同干预方案各自的效益 - 成本比指标值大小进行排序选优可能会导致错误的结论，也即在多个可供选择的干预方案中，B/C 最大的方案并不一定是经济性最好的方案或称最优方案。因为效益 - 成本比指标所求算的是相对值，仅反映了干预方案的单位成本所获得的效益，该值最大并必然意味着其总量上的经济性最优。因此，不能依据干预方案的效益 - 成本比指标的大小直接对其经济性进行比较和选优。用效益 - 成本比指标对多个干预方案进行经济性比选时，需要采用增量分析法。

假定方案 X 和方案 Y 是可供选择的两个干预方案，X 与 Y 进行比较的所有可能情况有六种，如表 4-3 所示。

表 4-3　两个干预方案间成本、收益比较的所有可能情况

类型	I	II	III	IV	V	VI
收益（B）	相等	较高	较高	较低	较低	不等
成本（C）	不等	较低	较高	较低	较高	相等

显然，表 4-3 中的类型 I、II、V、VI无须进一步评价便可直接比较方案的经济性。只有类型III、IV无法直接比较方案的经济性，需要进一步评价、比较。对类型III、IV的比选实质是判断增量成本（X 与 Y 的成本差额）的经济合理性。所谓增量成本是指被比较的两个方案中成本较大的方案相对于成本较小的方案所多投入的成本。判断增量成本经济性的常用方法是增量分析法。

增量分析法（incremental analysis），也叫差额分析法，是指对被比较方案在成本、收益等方面的差额部分进行分析，进而对方案的经济性进行比较、选优的方法。增量分析法的具体分析过程所采用的方法是剔除法，即对所有备选方案分别进行两两方案比较，依次剔除次优方案，保留最优方案与剩余的未被比较的方案进行两两比较，最终保留下来的方案就是备选方案中经济性最好的方案。具体步骤是：第一，对所有备选方案按照成本额由小到大排序；第二，判断成本额最小的方案的经济性，只有较低成本额的方案被证明是经济的（$B/C \geqslant 1$），较高成本额的方案才可与之比较；第三，用成本额较低的方案与成本额较高的方案进行比较，若增量成本能带来满意的增量收益，即 $\Delta B/\Delta C \geqslant 1$，则成本额高的方案的经济性优于成本额低的方案；反之，则成本额低的方案优。这样，依次剔除次优方案，用保留下来的方案与剩余方案比较，就可以从备选方案中选出经济性最好的方案。

截至目前，在药物经济学评价中，对 A、B 两方案（A 为成本和收益均较低的方案）进行增量分析时的经济评价指标的表达方式不尽相同，常见的表达方式为 $\Delta B/\Delta C$。当备选的干预方案较多时，这种表达方式难以分辨增量究竟由哪两个方案构成。在公共经济学评价领域，处理类似情况的方法通常是在代表指标值的符号中加注下角标，如方案 B 与方案 A 的增量净现值为 NPV_{B-A}、增量内部收益率为 IRR_{B-A}。据此，增量成本 - 效益比表达为 $B/C_{(B-A)}$ 或 B_{B-A}/C_{B-A}。显然，这种表达的优势在于简单明了地反映了指标为成本 - 效益比、增量分

析、由 B 方案和 A 方案构成的增量、B 方案属于成本较高且收益较大的方案。

（三）应用举例

1. 成本 - 效益分析用于单一方案的经济性判定　成本 - 效益分析用于单一方案的经济性判定主要包括两种类型，一是无须考虑资金时间价值也即无须贴现的类型，一是需要考虑资金时间价值也即需要贴现的类型。

【例 4-8】 拟实施的面向全社会人群的针对某种疾病的预防方案，有关的成本和收益数据如表 4-4 所示。试用成本 - 效益分析法判断该方案的经济性。已知贴现率为 8%。

表 4-4　某疾病预防方案的成本、收益　　（单位：元）

年份	0	1	2	3	4	5	6
成本	10 000	5260	5260	5260	5260	5260	5260
效益	0	7785	7785	7785	7785	7785	7785

解：该预防项目所需要的时间超出了一年，需要对相关的成本、收益进行贴现，也即需要运用动态效益 - 成本比指标进行评价。

$$B/C = \frac{\sum_{t=0}^{n} b_t(1+i)^{-t}}{\sum_{t=0}^{n} c_t(1+i)^{-t}} = \frac{\sum_{t=0}^{6} 7785(1+8\%)^{-t}}{\sum_{t=0}^{6} 10\,000 + 5260(1+8\%)^{-t}} = \frac{35\,990.1}{34317} = 1.05$$

因为 B/C>1，表明实施该预防方案是经济的，即该预防方案具有经济性。

2. 成本 - 效益分析用于多个干预方案的经济性判定或比较

【例 4-9】 方案 M、N 是临床上治疗某疾病的两种可供选择的常用方案，具体的成本和收益数据如表 4-5 所示。试用成本 - 效益分析法判定哪个方案更具经济性。

表 4-5　方案 M、N 的成本和效益

方案	成本（元）	收益（元）
M	1100	2257
N	1600	3117

解：此例属于用 B/C 指标对多方案的经济性进行判定和选择问题，因此需要用增量分析法。首先需要判定成本较低的方案 M 的经济性：

$$B/C_{(M)} = 2257/1100 = 2.05$$

因为方案 M 的效益 - 成本比大于 1，表明方案 M 是经济的。

对方案 N 与方案 M 进行增量分析：

$$\Delta B/\Delta C = B/C_{(N-M)} = 860/500 = 1.72$$

因为 B/C_{(N-M)}>1，即 $\Delta B/\Delta C>1$，表明方案 N 比方案 M 所多投入的成本是经济的，因此，方案 N 更具经济性，应选择方案 N。

值得注意的是，如果对方案 M、N 的比选直接依据 B/C 值的大小而进行，则：

$$B/C_{(M)} = 2257/1100 = 2.05$$
$$B/C_{(N)} = 3117/1600 = 1.95$$

因为 $B/C_{(M)}>B/C_{(N)}$，据此会得出方案 M 的经济性优于方案 N 的错误结论。

多个干预方案的经济性判定或比较需要依据方案间的关系而选择适宜的方法，相关内容详见本教材第五章"干预方案的比较与选优"。

三、成本 - 效益分析的适用条件与适用范围

成本 - 效益分析方法的适用条件是，干预方案的成本和收益能够并适合于用货币予以描述和计量。

成本 - 效益分析法的适用范围较为广泛，既可对单一方案的经济性做出判断，也可对多个干预方案的经济性进行评价与比较；既可以对同一疾病的不同干预方案的经济性进行比较，也可以对不同疾病的干预方案的经济性进行比较；既可以对结果相近或类似的方案进行比选，也可以对结果完全不同的方案进行比选，还可以用于比较医药领域干预方案与非医药投资项目之间的经济性，从而为医药卫生项目和非医药项目之间的资金分配决策提供依据。

成本 - 效益分析具有适用范围广泛、评价指标所反映的成本和收益内容较为全面、主观因素较少、评价指标通用性较强等优势，但也面临着巨大的挑战——以货币形态计量干预方案的成本和收益，这对一般领域内的投资项目来说通常是容易做到的，但是对于医药领域内的干预方案而言，很多情况下其成本和收益尤其是收益，或难以测度，或难以用货币形态予以计量，或虽经处理可以货币化，但货币化的健康状况、生命价值、减少的痛苦、增加的快乐等通常令人们在情感上难以接受，或上述情况兼而有之。因此，成本 - 效益分析法对涉及非经济因素较多的干预方案进行经济评价时，面临着较多的问题。然而，即便如此，成本 - 效益分析法仍不失为一种十分重要且在药物经济学领域应用前景广阔的评价方法，特别是随着用于货币化计量健康收益（或减少的误工成本等）的支付意愿法（WTP）和人力资本法等方法的不断改进和完善，情况将尤为如此。此外，成本 - 效益分析是药物经济学评价方法中唯一适用于医药领域与非医药领域间不同方案或项目经济评价的方法，在为宏观决策提供依据方面具有不可替代的重要作用。

第三节　成本 - 效果分析

成本 - 效果分析是在成本 - 效益分析的基础上产生的。它是针对一些干预方案的收益不能或不便货币化计量的情况与问题，用效果描述和计量干预方案的收益而形成的药物经济学评价方法。早在 20 世纪 70 年代，一些国家就开始在卫生领域中对成本 - 效果分析进行研究并进行广泛的介绍。由于成本 - 效果分析的结果易于被临床医药人员和公众所接受，该方法的应用日益广泛。

一、成本 - 效果分析的定义

成本 - 效果分析（cost-effectiveness analysis，CEA），是将干预方案的成本以货币形态计量，收益则以临床效果指标来表示，并对干预方案的成本和效果进行比较，进而判定干预方案经济性的一种评价方法。

成本 - 效果分析法与成本 - 效益分析法的不同之处，在于对备选方案所产生的收益的

计量方式不同,成本-效果分析法中的收益直接采用干预方案实施后所产生的健康效果或临床结果指标(如血压降低的千帕数、血糖或血脂等指标的变化值、有效率、急性传染病的发病率和死亡率下降、疾病的治愈率和好转率的提高、生化指标恢复正常等)予以描述和计量,而无须进行货币化计量。

二、成本-效果分析的指标及判别准则

(一)指标及其计算

目前,成本-效果分析的常用指标是成本-效果之比(cost-effectiveness rate,C/E)。成本-效果比是指某干预方案带来的总成本和总效果之间的比值,也即干预方案在整个实施期或作用期内的全部效果之和与全部成本之和的比值。成本-效果比指标常用表示符号为 *CER*,成本-效果比指标常用表达式如式(4-13)所示:

$$CER = C / E \tag{4-13}$$

值得注意的是,成本-效果比指标并没有以类似于成本-效益分析中的效益-成本比 *B/C* 的形式表示为 *E/C*,而是表示为 *C/E*。对其经济内涵及合理性的分析已在本教材第一章阐述,请见第一章的第三节中"药物经济学评价方法及其特点"。

成本-效果比指标(*C/E*)的计算与效益-成本比(*B/C*)类似,只需将所计量的干预方案的成本值(详见本教材第二章)与所计量的效果值(详见本教材第三章)相比即可,即用干预方案的成本值除以其效果值。需要注意的是,与成本-效益比的计算所不同的是,当干预方案的实施或作用、影响期达到或超过1年时,成本-效果比指标(*C/E*)中的成本项需要进行贴现,而对效果项是否进行贴现一直存在争议。对于成本-效果比指标(*C/E*)的计算,有观点认为应该仅对成本进行贴现,对效果不予贴现;另有观点认为,应该对成本以较大的贴现率进行贴现,而对效果则以较小的贴现率进行贴现;还有观点认为,应该对成本、效果以相同的贴现率进行贴现。随着相关研究的深入和发展,对成本、效果均以相同的贴现率进行贴现的观点受到了越来越多的认同和应用。

(二)判别准则

由于成本-效果比指标(*C/E*)中的成本和效果分别以货币和临床干预结果计量,两者的单位不同,因此成本-效果分析不具有类似于成本-效益分析的内生的判定方案经济性的"金标准"——1。因此需要人为地、外在地设定判定干预方案经济性的标准,该标准通常被称作成本-效果阈值(指可接受的获得单位效果所支付的最大成本额),简称为阈值。运用成本-效果分析时,干预方案经济性的判别准则如下:

1. 对单一方案,若 *C/E*≤成本-效果阈值,则表明实施该方案是经济的,也即该方案从经济性角度来看可以接受或方案具有经济性;反之,则该方案不经济或方案不具有经济性。如果没有成本-效果阈值,则无法对单一方案的经济性做出判定。

2. 对多个可供选择的干预方案进行经济性比较、选优时,与成本-效益分析类似,不能依据干预方案的成本-效果比指标(*C/E*)的大小直接对其经济性进行比较和选优,需要采用增量分析法。增量成本-效果比(incremental cost-effectiveness ratio,ICER),其表达式如式(4-14)所示:

$$ICER = \frac{\Delta C}{\Delta E} \tag{4-14}$$

增量成本 - 效果分析的步骤与成本 - 效益分析部分所阐述的内容相同,在此不再赘述。

在没有成本 - 效果阈值的情况下,对多个干预方案进行比选时,虽然也可计算出增量成本 - 效果比的具体值,但大多数情况下无法判定构成增量的两个方案哪个更为经济,仅在ICER 值落在特定区间的情况才能够得出确切的结论。

运用成本 - 效果分析对单一方案的经济性判定只需按照相应的内容与判别准则进行,对多个干预方案的经济性判定或比较需依据方案间的关系而选择适宜的方法,相关内容及例题详见本教材第五章干预方案的比较与选优。

三、成本 - 效果分析的适用条件与适用范围

成本 - 效果分析方法的适用条件是要有科学合理的成本 - 效果阈值作为判定方案经济性的标准。

成本 - 效果分析方法除适用于对成本用货币来计量、收益用效果予以计量的单一方案的经济性进行判定外,仅适用于医疗领域内针对同种疾病的不同干预方案或具有同一干预目标、相同健康效果产出指标的干预方案之间的经济性评价和比选。对不同疾病的不同干预方案或具有不同健康效果产出指标的干预方案之间的经济性评价和比选不适用。

综上,与成本 - 效益分析方法相比,成本 - 效果分析方法的适用范围较窄,特别是在没有成本 - 效果阈值的情况下,其适用情况随着适用条件的缺失而更加有限。

第四节　成本 - 效用分析

成本 - 效用分析是在成本 - 效果分析的基础上进一步发展而产生的。鉴于成本 - 效果分析中所用的效果指标是与干预方案所适用疾病的特点相对应的特定单位,如血压降低的毫米汞柱、所避免的伤残天数、筛查出的患有某种疾病的例数等,通常用于反映不同疾病的干预方案的效果指标各不相同,加之一个干预方案的全部有益的结果(即收益)通常也不限于一个方面(仅通过一个效果指标难以反映其全部)等问题的存在,推动了成本 - 效用分析方法的开发和产生。

一、成本 - 效用分析的定义

成本 - 效用分析(cost-utility analysis,CUA),是将干预方案的成本以货币形态计量,收益则以效用指标来表示,并对干预方案的成本和效用进行比较,进而判定干预方案经济性的一种评价方法。

值得注意的是,由于成本 - 效用分析与成本 - 效果分析有很多相似之处,所以该方法产生之初被作为成本 - 效果分析的特例,并未被称作成本 - 效用分析,而是被叫做广义成本 - 效果分析。直到目前,依然有学者或研究人员对成本 - 效用分析与成本 - 效果分析不加以区分,因此在阅读文献时应注意成本 - 效用分析可能出现在成本 - 效果分析的名下。相应的,理论上与成本 - 效用分析相对应的经济性判定标准——成本 - 效用阈值也常常被成本 - 效果阈值所包含或取代。鉴于此,为避免不必要的混淆,本教材各章节统一采取的处理方式是——将成本 - 效用分析与成本 - 效果分析加以区分,对"成本 - 效用阈值"和"成本 - 效果阈值"统称为"阈值"。

二、成本 - 效用分析的指标及判别准则

（一）指标及其计算

成本 - 效用分析的常用指标是成本 - 效用比（cost-utility ratio，C/U），是指获得每单位效用所需要花费的成本，即某干预方案带来的总成本和总效用之间的比值。成本 - 效用比指标常用的表示符号为 CUR，常用表达式如式（4-15）所示：

$$CUR = C / U \tag{4-15}$$

式中，效用通常使用质量调整生命年来表示，此时其表达式如式（4-16）所示：

$$CUR = C / QALY \tag{4-16}$$

值得注意的是，与成本 - 效果比指标没有表示为 E/C 而是表示为 C/E 相类似，对于 C/U 的经济内涵及合理性的分析已在本教材第一章阐述，请见第一章第三节中的"药物经济学评价方法及其特点"。

成本 - 效用比指标（C/U）的计算与成本 - 效果比指标（C/E）类似，只需将所计量的干预方案的成本值（详见本教材第二章）与所计量的效用值（详见本教材第三章）相比即可。且当干预方案的实施或作用、影响期达到或超过 1 年时，成本 - 效用比指标（C/U）中的成本项需要进行贴现，而对效用项是否进行贴现所存在的认识与争议也与成本 - 效果比指标（C/E）的计算类似，在此不再赘述。

（二）判别准则

由于成本 - 效用比指标（C/U）中的成本和效用计量单位不同，因此成本 - 效用分析与成本 - 效果分析类似，需要人为地、外在地设定判定干预方案经济性的标准，即成本 - 效用阈值（指可接受的获得一个单位的效用所支付成本的最高额度，目前常被统称为成本 - 效果阈值），简称为阈值。阈值是药物经济学评价中的外生评价标准，随着药物经济学在各国药品报销、定价、临床、研发等决策实践中的应用逐渐增加，设定阈值的必要性、紧迫性以及重要性也日益凸显。截至目前，已有越来越多的国家开展了阈值研究，并提出阈值的具体标准，具体见知识链接。

知识链接

国外常用的阈值标准

英国　　£20 000～30 000/QALY　（€22 838～34 257/QALY）；

美国　　$50 000 /QALY　（€35 340 /QALY）；

加拿大　CAN$80 000/QALY　（€57 979/QALY）；

WHO　　ICER< 人均 GDP，增加的成本完全值得；人均 GDP<ICER<3 倍人均 GDP，增加的成本可以接受；ICER>3 倍人均 GDP，增加的成本不值得。

运用成本 - 效用分析时，干预方案经济性的判别准则如下：

1. 对单一方案，若 C/U≤成本 - 效用阈值，则表明实施该方案是经济的，也即该方案从经济性角度来看可以接受或方案具有经济性；反之，则该方案不经济或方案不具有经济性。如果没有成本 - 效用阈值，则无法对单一方案的经济性做出判定。

2. 对多个可供选择的干预方案进行经济性比较、选优时，与成本 - 效益分析、成本 - 效

果分析类似,不能依据干预方案的成本 - 效用比指标(C/U)的大小直接对其经济性进行比较和选优,需要采用增量分析法。增量成本 - 效用比(incremental cost-utility ratio, $ICUR$)的表达式如式(4-17)所示:

$$ICUR = \frac{\Delta C}{\Delta U} \tag{4-17}$$

增量成本 - 效用分析的步骤与成本 - 效益分析部分所阐述的内容相同,在此不再赘述。

与成本 - 效果分析类似,在没有成本 - 效用阈值的情况下,对多个干预方案进行比选时,虽然也可计算出增量成本 - 效用比的具体值,但大多数情况下无法判定构成增量的两个方案哪个更为经济,仅在 $ICUR$ 值落在特定区间的情况才能够得出确切的结论,而这种情况并不多见。

同样,运用成本 - 效用分析对单一方案的经济性判定只需按照相应的内容与判别准则进行,对多个干预方案的经济性判定或比较需依据方案间的关系而选择适宜的方法,相关内容及例题详见本教材第五章"干预方案的比较与选优"。

三、成本 - 效用分析的适用条件与适用范围

成本 - 效用分析方法的适用条件是要有科学合理的成本 - 效用阈值作为判定方案经济性的标准。

成本 - 效用分析方法除适用于对成本用货币来计量、收益用效用予以计量的单一方案的经济性进行判定外,既适用于医疗领域内针对同种疾病的不同干预方案或具有相同健康效果产出指标的干预方案之间的经济性评价和比选,也适用于对不同疾病的不同干预方案或具有不同健康效果产出指标的干预方案之间的经济性评价和比选。

综上可见,与成本 - 效果分析的适用范围相比,成本 - 效用分析的适用范围更为宽广,但仍不及成本 - 效益分析。与成本 - 效果分析相类似的是,在没有成本 - 效用阈值的情况下,成本 - 效用分析的适用情况会随着适用条件的缺失而变得相对狭小。

第五节 最小成本分析

最小成本分析是药物经济学分析方法中最为简便、易懂的方法。最小成本法常被视作与成本 - 效益分析、成本 - 效果分析和成本 - 效用分析相并列的第四种药物经济学评价方法,或被视作在干预方案的收益或结果相同或相当的情况下,成本 - 效益分析、成本 - 效果分析或成本 - 效用分析的特例。

一、最小成本分析的定义

最小成本分析(cost minimization analysis, CMA),是指以货币计量成本,并仅对干预方案的成本进行比较,进而对干预方案的经济性进行判定和比较的方法。最小成本分析法无须对干预方案的收益(效益、效果或效用)进行比较。

最小成本分析并不是单纯的成本分析,单纯的成本分析只考虑干预方案的成本,而不考虑干预方案的收益。最小成本分析则与成本 - 效益分析、成本 - 效果分析或成本 - 效用分析类似,同时对干预方案的成本和收益进行综合考虑,只是所评价的干预方案的收益(效

益、效果或效用)是相同或相当的,因此仅需比较其成本。

二、最小成本分析的指标及判别准则

最小成本分析所用的指标为成本。成本按照不同的标准和角度有多种分类形式和计量方法,其计算方法详见本教材第二章"成本的识别与计量"。

由于最小成本分析的指标仅为成本,所以通常不用于对单一方案的经济性判定,而仅用于在多个可供选择的干预方案间进行经济性比较、选优。其判别准则是:在多个可供选择的干预方案中,成本最小的方案是经济性最好的方案,也即最经济的方案。

三、最小成本分析的适用条件与适用范围

最小成本分析的适用条件是备选的干预方案的收益(效益、效果或效用)相同或相当。只要符合该适用条件,则无论干预方案的结果适合用效益计量还是适合用效果或效用计量,均可用最小成本分析进行干预方案间的经济评价和比选。

因为临床上针对同一疾病的不同干预方案的收益通常不是完全相同或相当的,这样就不能直接采用最小成本分析法进行评价和比较,因此,从理论上讲最小成本分析法的适用情况是非常有限的。但是,深入了解和把握医药领域的特殊性,可以大大拓宽最小成本分析法在医药领域对干预方案进行经济评价的适用空间,增加其适用情况。医药领域的特殊性在于,在现有的医药水平下,大多数疾病通过采取一种或多种干预方案的治疗最终能够被治愈。对于这类可治愈的疾病,可供选择的干预方案可能是某种单一治疗方案,也可能是依次采用多种治疗方案而构成的组合干预方案,但无论采取哪种干预方案,其结果通常均为治愈。这种情况下,所有能够最终治愈该疾病的单一或组合方案的收益可视为相同(如果有无形收益的不同,则可将其转化为成本的不同)而无须比较,因此,可采用最小成本法进行评价与比较。不难看出,这种情况在医疗实践中是较为常见的,因此,最小成本分析法在药物经济学评价的实践中有着较为广阔的适用情况。同样,运用最小成本分析法对干预方案进行经济性评价与选优的例题详见本教材第五章"干预方案的比较与选优"。

最小成本分析法用于可治愈性疾病的不同干预方案的评价,不仅可以避开成本-效益分析、成本-效果分析及成本-效用分析法对收益予以计量中的问题与困难,而且易于理解、便于求算。但用于其他一些方案的评价,则依然需要先对收益计量后看是否相等或相当,再选择是否采用 CMA,此时则不能避免对收益的计量问题。鉴于药物经济学评价中普遍存在的干预方案的收益难以计量的突出特点及医药领域的特殊性,在进行药物经济学评价的实践中应最大限度地选择和运用最小成本分析法,使其发挥应有的、更大的作用。

(孙利华　钟　丽　熊季霞)

 思考题

1. 简述成本-效益分析的定义、常用指标及判别准则。

2. 简述成本 - 效果分析的定义、常用指标及判别准则。

3. 简述成本 - 效用分析的定义、常用指标及判别准则。

4. 简述最小成本分析的定义、适用条件及适用范围。

5. 试对药物经济学评价常用方法的适用条件及适用范围进行比较。

第五章 干预方案的比较与选优

学习要求

掌握：互斥方案、独立方案和相关方案的定义、基本特点，相关方案的常见类型。

熟悉：选择适当的评价选优方法，评价互斥方案、独立方案、成本或收益相关型方案和受资金限制方案的经济性。

了解：其他类相关方案的评价选优方法。

药物经济学评价通过对不同的药物治疗方案及相关的其他干预方案的经济性进行评价、比较和选优，为政府管理部门、医疗提供单位、医疗保险公司、医生以及病人的干预方案选择等相关决策提供科学依据。拟评价和比较的干预方案之间的关系不同，所适宜的评价方法随之而异。本章从分析干预方案间的关系入手，重点介绍药物经济学评价领域适用于不同类型方案关系的评价指标与方法。

第一节 干预方案的相互关系

在药物经济学评价中，有待评价和比较的方案往往不止一个，而是多个。通常情况下，所研究问题的性质不同，用于解决不同问题的各个干预方案之间的关系往往也不同。干预方案之间的关系可能彼此独立、互不相干，也可能密切相关、相互依存等，因此，有必要首先明确干预方案之间的关系，然后针对不同关系类型的干预方案选择不同的比选方法，依据不同的比选原则进行经济性评价和选优。最常见的干预方案关系有三类，分别为互斥方案、独立方案、相关方案。

一、互斥方案

互斥方案是指一组（两个或两个以上）方案，各方案之间互不相容、互相排斥，从中选取某一方案就必须放弃选择其他方案。在互斥方案中至多只能选取或采用其中一个方案。如某疾病预防控制中心在流感季为接种者接种疫苗，此时有两种方案可供选择，一是为接种者接种新上市的疫苗，二是为接种者接种三年前上市的疫苗，这两种接种方案只能选择其一，不能同时选择，属于互斥方案。

二、独立方案

独立方案是指各干预方案之间互不干涉，互不影响，彼此之间存在独立关系的一组方案。一组独立方案中的任一方案被采纳与否不会影响其他方案是否被采纳。例如：美国各州政府为了降低婴儿的死亡率，推出孕妇的产前保健计划，同时，还为新生儿的家庭提供医疗保险计划，两种计划之间互不干涉、互不影响，属于独立关系。再如，假设有 A 与 B 两个医保计划项目，医保公司只推行 A 方案时，投资 30 万元，收益 36 万元；只推行 B 方案时，投资 40 万元，收益 47 万元。当 A 与 B 一起推行时，共需投资 30＋40＝70 万元，得到收益共为 36＋47＝83 万元。那么，A 计划与 B 计划具有可加性，在这种情况下，认为 A 方案与 B 方案之间是独立的。

如果干预方案是单一方案，则可以视为是独立方案的特例。

三、相　关　方　案

相关方案，是指一组（两个或两个以上）干预方案中，如果选择某一个方案就会显著地改变其他方案的成本或收益，或接受（或拒绝）某一方案会影响对其他方案的接受（或拒绝）。

有些相关方案，通常可通过一定的处理方法转化为较为互斥方案，这类方案可称之为可转化为互斥方案的相关方案。有些相关方案既包含独立关系，又包含互斥关系，对于这类方案通常称为混合型方案或混合方案。

第二节　互斥方案的评价与选优

案例

东食西宿

齐国有户人家有个女儿，有两家人来求婚。东家的男子长得丑陋但是家境富裕，西家的男子容貌美但是家里很贫穷。父母犹豫不定，就决定让女儿自己选择。他们对女儿说："你如果羞于启齿表白，就用胳膊代表两家男子，你可以把一只胳膊袒露出来表明你的选择，让我们知道你的意思。"女儿就袒露出两只胳膊。父母亲感到奇怪就问她原因。女儿说："（我）想在东家吃饭，在西家住宿。"……

互斥方案选优，是指对互斥方案进行比较，选择最优方案。其方法大体有两类：直接比较法和差额分析法。

一、直接比较法

直接比较法是将互斥方案的经济评价指标值直接对比的方法。直接比较法仅适用于价值性指标，因此药物经济学评价中仅有最小成本分析方法能够运用该方法。成本 - 效益分析、成本 - 效果分析和成本 - 效用分析不能采用直接比较法对多个互斥方案进行比较、选优。

【例 5-1】 3 种方案预防抗肿瘤药物所致肝损害的最小成本分析

目前，临床针对预防因化疗造成的肿瘤患者药物性肝脏损害有 3 种有效药物：凯西莱（A）、复方甘草酸苷（B）和还原型谷胱甘肽（C），3 种药物均由静脉注射给药。3 种药物不能同时使用，只能选择其中的一种，因此这 3 种方案为互斥方案。3 种药物对于改善和保护化疗患者的肝功能、预防肝损害的有效率没有明显差异（$P>0.05$）。3 种方案的成本包括药品成本（C 药）和检查成本（C 检），间接成本和隐性成本等其他成本忽略不计。成本数据如表 5-1 所示：

表5-1　3种治疗方案的成本情况比较　（单位：元）

成本	药品成本（C药）	检查成本（C检）	总成本（C总）
A	864.00	315.00	1179.00
B	908.00	427.00	1335.00
C	560.00	389.00	949.00

试选择最经济的方案。

解：最小成本分析是测定具有相同临床效果的不同治疗方案的成本间差异，即在证实安全性和有效性相同或相当的情况下，成本低的方案为优选方案。由于3组治疗效果经统计学分析无显著性差异，故对其进行最小成本分析。

3组中，A组总成本为1179.00元，B组为1335.00元，C组为949.00元，根据互斥方案的直接比较，成本最低的C组应为经济性最优方案。

【例5-2】　3种长效降压药物治疗方案的最小成本分析

在临床上轻、中度高血压常采用长效降压药治疗，可以方便患者服药，改善治疗的依从性，减少血压波动，更好地减少心血管危险及靶器官损害。但治疗疾病时，药物的选用在保障安全性、合理性、有效性基础上需将经济性置于同等重要的位置，使病人以最小的经济负担得到最佳的治疗效果。目前有3种药物均为口服给药。A组：赖诺普利10mg，qd×6周；B组：苯磺酸氨氯地平5mg，qd×6周；C组：厄贝沙坦150mg，qd×6周。根据原卫生部颁布的《抗高血压药物临床研究指导原则》疗效评定。显效：舒张压下降≥10mmHg，并降至正常或下降≥20mmHg；有效：舒张压下降虽未达到10mmHg，但降至正常或下降10～19mmHg；无效：未达到上述水平者。总有效=显效+有效。治疗结果显示，A组、B组、C组总有效率差异无显著性（$P > 0.05$），详见表5-2。

表5-2　3种长效降压药物治疗方案的效果

方案	病例（例）	显效（例）	有效（例）	总有效率（%）
A	40	34	2	90.0
B	40	32	5	92.5
C	40	28	9	92.5

由于3组治疗方案A、B、C均有不同程度的不良反应发生，因此在计量直接成本中需纳入不良反应治疗的成本。A组发生不良反应5例，发生率最高（12.5%），主要表现为咳嗽、胃肠不适、头晕、肌痛；B组发生不良反应1例，发生率最低（2.5%），主要为恶心、呕吐；C组发生不良反应3例，居中（7.5%），主要为皮疹、水肿。3种方案的成本包括药品成本（C药）和不良反应诊治成本（C不良反应），间接成本和隐性成本忽略不计。3组方案的成本计量结果如表5-3所示。

表5-3　3种长效降压药物治疗方案的成本（元）

方案	C药	C不良反应	C总
A	120.12	210	330.12
B	168.63	37	205.63
C	250.40	90	340.4

试运用药物经济学分析判断 3 种方案的经济性。

解：由题意分析可知，赖诺普利（A 组）、苯磺酸氨氯地平（B 组）和厄贝沙坦（C 组）方案在降低高血压患者血压的临床总有效率没有显著性差异（$P>0.05$），因此可以运用最小成本分析。

由于 3 组方案均有不良反应发生，且程度有所差异，在进行成本计量中需将针对不良反应发生的诊治费用纳入。结果显示，苯磺酸氨氯地平（B 组）总成本最低，为 3 组方案中的经济性最优方案。

二、增量分析法

增量分析法又称差额分析法，是互斥方案比选的基本方法。增量分析法的实质是判断投资大的方案相对于投资小的方案所多投入的资金（增量投资）能否带来满意的增量收益。如果增量投资能够带来满意的增量收益，则投资大的方案更优，反之则投资小的方案更优。

在药物经济学评价领域，对多个互斥的干预方案进行经济评价时，除最小成本分析法不必运用增量分析法之外，其他 3 种评价方法均必须运用增量分析法（增量分析法的步骤详见本教材第一章第三节）。下面对增量成本 - 效益分析、增量成本 - 效果分析和增量成本 - 效用分析分别举例说明。

（一）增量成本 - 效益分析

【例 5-3】 对于某一疾病的治疗，有方案 A、B、C、D 四个互斥方案可供选择，已知方案的成本现值和效益现值等数据如表 5-4 所示，请用成本 - 效益分析法判断哪个方案经济性最优。

表 5-4 四种方案的成本、效益现值情况

方案	成本现值（C）(单位：元)	效益现值（B）(单位：元)	效益 / 成本（B/C）
A	2000	2600	1.3
B	3200	2800	0.875
C	4520	5798	1.28
D	5320	6398	1.2

解：此为干预方案的效益 / 成本（B/C）结果已知的情况。由各方案的 B/C 值可以看出，A、C、D 三个方案 B/C 结果均大于 1，说明三个方案均具有经济性，可以进一步进行增量成本 - 效益分析，B 方案直接剔除。

A 方案与 C 方案比较：
$$B/C_{(C-A)}=(5798-2600)/(4520-2000)=1.27>1，剔除 A 方案$$
C 方案与 D 方案比较：
$$B/C_{(D-C)}=(6398-5798)/(5320-4520)=0.75<1，剔除 D 方案$$
综上，C 方案为经济性最优方案。

（二）增量成本 - 效果分析

1. 阈值已知情况下的增量成本 - 效果分析

【例 5-4】 现有 A、B、C 三种治疗某疾病的互斥方案，已知治疗方案的成本和效果数据如表 5-5 所示。假设当前每多获得一个单位的效果，愿意并能够支付的成本最高金额（阈值）为 3000 元，试判断哪个方案的经济性最优？

表 5-5 三种治疗方案成本 - 效果情况

方案	成本 / 例(单位：元)	总有效率(单位：%)	成本 / 效果(C/E)
A	356.40	76.50	465.88
B	855.60	94.33	916.74
C	2220.00	95.19	2356.94

解：根据已知情况，可进行以下分析

B方案与A方案进行增量分析：

$$C/E_{(B-A)}=(855.60-356.40)/(94.33\%-76.50\%)=2799.78(元/有效率)$$

C方案与B方案进行增量分析：

$$C/E_{(C-B)}=(2220.00-855.60)/(95.19\%-94.33\%)=158\,651.16(元/有效率)$$

综上，B方案为经济性最优方案。

2. 阈值未知情况下的增量成本 - 效果分析

【例 5-5】 3种抗菌药物治疗急性结石性胆囊炎的成本 - 效果分析

急性结石性胆囊炎常通过抗感染用药与外科手术联合治疗。目前，用于防治胆囊炎感染的抗菌药物很多，主要为头孢类和喹诺酮类抗生素，其中最为常用的是头孢哌酮舒巴坦钠、头孢呋辛和左氧氟沙星。

采用系列随机抽样方法将患者分为 3 组：头孢哌酮舒巴坦钠（A 组）、头孢呋辛（B 组）、左氧氟沙星（C 组）。疗效判定标准参照国际肝胆胰协会专题委员会制订的《胆囊炎疗效评定标准》，3 组方案的临床总有效率分别为：A 组 95.65%，B 组 74.78%，C 组 85.12%，经卡方检验，$P<0.05$，具有显著性差异。

成本的确定只计入直接医疗成本，即总医疗成本 = 抗菌药物成本 + 补液成本 + 手术成本 + 住院床位成本 + 相关的检验成本 + 治疗处置成本 + 护理成本 + 其他成本。其中，检验成本包括检查费和实验室检查费，其他成本包括材料费和空调费。3 组方案均没有表现出明显的不良反应，因此不计入不良反应成本。成本测算按实际购买价格计算。此外，由于对每位入选的住院患者抗感染治疗的时间为 3 个月（不足 1 年），计算的医疗成本无须贴现。目前尚无关于急性结石性胆囊炎的临床效果阈值可以参考。有关数据如表 5-6 所示，试判断 3 组方案的经济性。

表 5-6 三种治疗方案成本 - 效果情况

方案	成本 / 例(单位：元)	总有效率(单位：%)
A	18 738.10	95.65
B	15 221.70	74.78
C	17 006.06	85.12

解：A、B、C 三组方案的临床效果具有显著性差异，可以运用成本 - 效果分析方法进行比较和选优。从 3 组方案的成本与效果值可以看出，方案成本与有效率同步发生变化，也就是说成本高的方案效果也好，成本低的方案效果也差，没有可以直接剔除的方案。

首先计算成本最低的 B 组的 C/E 值，再计算成本额位居第 2 位的 C 组与 B 组之间的增量成本 - 效果比（$\Delta C/\Delta E = 172\,576.87$），因 C 组与 B 组之间的增量成本 - 效果比小于 B 组的成本 - 效果比（$C/E = 20\,355.31$），见表 5-7，所以 C 组的经济性优于 B 组。

表 5-7 B、C 方案成本 - 效果比与增量成本 - 效果比

方案	成本/效果（C/E）	增量成本 - 效果比（ICER）
B	20 355.31	—
C	—	17 256.87

进一步计算 A 组与 C 组的增量成本 - 效果比（$\Delta C/\Delta E = 16\,448.62$），因其小于 C 组的成本 - 效果比（$C/E = 19\,978.92$），见表 5-8。所以 A 组优于 C 组。

表 5-8 A、C 方案成本 - 效果比与增量成本 - 效果比

方案	成本/效果（C/E）	增量成本 - 效果比（ICER）
C	19 978.92	—
A	—	16 448.62

综上，A、B、C 三组干预方案中 A 组的经济性最优，因此首选 A 组治疗急性结石性胆囊炎。

（三）增量成本 - 效用分析

【例 5-6】 现有两种治疗 2 型糖尿病的互斥方案 A、B，两组方案实施过程的成本和效用如表 5-9 所示。假设当前每多获得一个单位的效用（QALY），愿意并能够支付的成本最高金额（阈值）为 10 000 元。分析哪个方案最具有经济性。

表 5-9 两种互斥方案的成本与效用情况

方案	成本（C）（单位：元）	效用（U）（单位：QALY）
A	127 900	16
B	165 000	22

解：A 方案 $C/U = 127\,900/16 = 7993.75$（元/QALY）

B 方案与 A 方案比较

$C/U_{(B-A)} = (165\,000 - 127\,900)/(22 - 16) = 6183.33$（元/QALY）

综上，B 方案为经济性最优方案。

【例 5-7】 现有三种治疗子宫肌瘤的互斥方案：复方醋酸棉酚（B 组）、桂枝茯苓胶囊（C 组）、米非司酮（D 组），运用 EQ-5D 量表评估各组患者的效用值。三组方案的总成本和测试的平均效用值如表 5-10 所示。假设当前每多获得一个单位的效用（QALY），愿意并能够支付的成本最高金额（阈值）为 70 000 元，分析哪个方案最具有经济性。

表 5-10 三种治疗子宫肌瘤的互斥方案的成本和效用值

方案	成本（单位：元）	效用（U）（单位：QALY）
A	17 900	0.205
B	13 574	0.206
C	16 135	0.216

解：由 A、B、C 三组方案的成本、效用结果可以直接得出 A 方案属于成本较高、效用较低的方案，因此，先行淘汰 A 方案。对保留下来的 B、C 方案进行比较。

B 方案 $C/U=13\,574/0.206=65\,893.20$（元 /QALY）

C 方案与 B 方案进行增量分析

$$C/U_{(C-B)}=(16\,135-13\,574)/(0.216-0.206)=256\,100（元 /QALY）$$

从增量分析的结果可知，B 方案的经济性优于 C 方案。B 方案为经济性最优方案。

（四）应用增量分析法需注意的问题

1. 及时发现需剔除的方案并剔除之　在进行增量成本 - 效益分析、增量成本 - 效果分析和增量成本 - 效用分析前，需要对方法进行比对，剔除或淘汰成本较高同时效益、效果或效用较低的方案，保留下的方案再进一步进行增量分析。如果没有检验和剔除过程，往往在增量分析中出现非正结果，对结果的判定容易造成混乱。

2. 增量分析结果需与判别标准比较　增量分析法的方案间两两比较结果，在判定哪个方案需淘汰，哪个方案需保留时必须依据相应的判定标准。对于成本 - 效益分析方法，判定标准很清楚，即为增量的效益 - 成本比（$\Delta B/\Delta C$）是否大于 1，如果大于 1，淘汰原方案，接受新方案。当运用成本 - 效果分析方法和成本 - 效用分析方法时，判定标准为成本 - 效果（效用）阈值，增量结果低于阈值，方案可取，高于阈值方案不可取。如果没有成本 - 效果（效用）阈值，通常很难做出判定和选择。

第三节　独立方案的评价与选优

独立方案之间互不干涉、互不影响，其中某一方案的经济可行与否仅取决于其自身的经济性，与其他方案无关。对独立方案进行评价选优的实质是将其中的每个方案视为互不相关的单一方案，并对此单一方案的经济性进行评价、选优。

对独立方案的评价、选优，可依据干预方案收益的不同计量方式而采用相应的评价方法和指标——成本 - 效益分析、成本 - 效果分析或成本 - 效用分析，及效益 - 成本比、成本 - 效果比或成本 - 效用比，计算指标值并将其与相应的判别准则进行比较，判定其经济性并决定方案的取舍。

一、运用成本 - 效益分析方法对独立方案的评价选优

当一组独立方案，其成本和收益都能够以货币计量时，可采用成本 - 效益分析方法对其经济性进行评价。具体内容为：计算每个方案的效益 - 成本比指标，依据该指标值是否大于或等于 1 判定其经济性，并进而做出方案取舍的判定。

【例 5-8】　两个独立的治疗方案 A 和 B，其成本和效益情况如表 5-11 所示。试判断两方案的经济性。

表 5-11　独立方案 A、B 的成本和效益情况　　　　　　　　　　（单位：元）

方案	成本（C）	效益（B）
A	214 900	254 879
B	179 849	154 890

解：已知 A、B 两方案为独立方案，且已知的成本、收益数据均以货币形态计量，据此选择效益 - 成本比指标评价各方案自身的经济性，然后将计算获得的结果与判别准则进行比

较并做出方案取舍的判定。

$$方案 A：B/C_{(A)} = \frac{254\,879}{214\,900} = 1.19$$

$$方案 B：B/C_{(B)} = \frac{154\,890}{179\,849} = 0.86$$

成本 - 效益分析的结果判别准则为 1。由于方案 A 的效益 - 成本比（$B/C_{(A)}$）大于 1，表示该方案具有经济可行性；方案 B 的效益 - 成本比（$B/C_{(B)}$）小于 1，表示该方案不具有经济可行性。因此，该组独立方案仅选取方案 A。

二、运用成本 - 效果分析方法对独立方案的评价选优

当一组独立方案，其成本以货币计量、收益以效果计量时，可采用成本 - 效果分析方法对其经济性进行评价。具体内容为：计算每个方案的成本 - 效果比指标，将此指标值与成本 - 效果阈值进行比较，据此评价方案的经济性并做出方案取舍的判定。

【例 5-9】　现有两个独立方案 A 和 B，各方案实施所带来的成本和效果如表 5-12 所示。假设当前每获得 1 单位效果可支付的成本最多为 1000 元，即成本 - 效果阈值为 1000 元 / mmHg。试判断方案的经济性。

表 5-12　独立方案 A、B 的成本和效果情况

方案	成本（C）(单位：元)	效果（E）(单位：mmHg)
A	21 490	22
B	15 700	18

解：首先计算方案 A、B 各自的成本 - 效果比，然后将所得的指标值分别与给定的成本 - 效果阈值进行比较，并据此判定其各自的经济性。

$$方案 A：C/E_{(A)} = \frac{21\,490}{22} = 977$$

$$方案 B：C/E_{(B)} = \frac{15\,700}{18} = 872$$

由于给定的成本 - 效果阈值为 1000 元 /mmHg，即当前单位效果最高可支付成本为 1000 元，而方案 A 和 B 的单位效果 - 成本值（C/E）均小于该值，且方案 A 和 B 为独立方案，彼此的采纳与否不会产生相互影响，因此，两方案均经济可行，均可采用。

值得注意的是，运用成本 - 效果分析方法对独立方案进行评价、选择时，必须有阈值作为经济性的判定标准，否则无法对方案的经济性进行判定，也就无法实现方案的选择。

三、运用成本 - 效用分析方法对独立方案的评价选优

当一组独立方案，其成本以货币计量、收益以效用计量时，可采用成本 - 效用分析方法对其经济性进行评价。具体内容与成本 - 效果分析方法对独立方案的评价选优相类似，在此不再赘述。

【例 5-10】　现有两个独立方案 A 和 B，各方案实施所带来的成本和效用如表 5-13 所示。假设当前每获得 1 单位效用可支付的成本最多为 6629 元，试判断两独立方案的经济可行性。

表 5-13　独立方案 A、B 的成本和效用情况

方案	成本（C）（单位：元）	效用（U）（单位：QALY）
A	214 900	22
B	157 000	18

解：首先使用成本 - 效用分析方法计算方案 A、B 各自的经济性评价结果，然后将计算结果分别与判别标准相比较，获得方案 A 和 B 各自的经济可行性结论。

方案 A：$C/U_{(A)} = \dfrac{214\,900}{22} = 9770$

方案 B：$C/U_{(B)} = \dfrac{157\,000}{18} = 8720$

由于给定的阈值为 6629 元 /QALY，即当前单位效用最高可支付的成本为 6629 元，而方案 A 和 B 的单位效用成本值（C/U）均大于该值，因此，两方案均不经济，且从经济可行性角度出发，两方案均不可采用。

与成本 - 效果分析方法类似，运用成本 - 效用分析方法对独立方案进行评价、选择时，必须有阈值作为经济性的判定标准，否则无法对方案的经济性进行判定，也就无法实现方案的选择。

综上，判断独立方案的经济可行性，应根据实际情况选择成本 - 效益分析、成本 - 效果分析、成本 - 效用分析等适宜的评价方法，首先对方案自身的经济性进行评价，即通过计算获得经济性评价指标的结果后，将其与相应的判别准则相比较。若方案具有经济性，那么从资源使用效率方面考虑，该方案是可采用的。换言之，如果干预方案之间是独立关系，那么方案是否被采纳的决策仅与其自身的经济性有关，只要方案具有经济性，那么它就是"物有所值（value for money）"，是可采用的。

在上述对独立方案进行评价、选优的步骤与方法中，实际上暗含了一个假定，即假定资金是充裕的、没有额度限制的。然而，更多的现实情况却通常是面临着资金额度的限制。当存在预算约束时，各干预方案所处环境发生变化，原本的独立方案之间也随之出现了一定的相关性，称为"受资金约束的相关方案"。此类方案的评价选优将在本章第四节中进行详细介绍。

第四节　相关方案的评价与选优

相关方案是指在一组方案中，其中某一方案的被接受或被拒绝会显著影响其他方案的成本或收益，或者某一方案的接受或拒绝会影响对其他方案的接受或拒绝。相关方案之间的关系既不同于互斥方案，也有别于独立方案，因此对其评价和选优的方法也不同。

一、相关方案的常见类型和处理方法

根据通用评价领域的相关方案分类方法，可将相关方案分为以下几种常见类型：

1. 完全互补型　如果两个或多个方案之间，某一方案的实施要求以另一方案或几个方案的实施为前提条件，那么这两个或若干个方案是完全互补的，具有相互依存性。对于这

种类型的相关方案进行经济效果评价时,通常将其视为一个整体,作为一个方案包来进行。

2. 成本或结果相关型　即使不同方案之间并不完全互斥,也不完全互补,如果若干方案中任何一个方案的取舍会使其他方案的成本和(或)结果也发生变化,那么这些方案之间也具有一定的相关性,这种相关方案类型称为成本或结果相关型。

3. 资金约束导致的方案相关　这类方案可称之为资金限制型相关方案。如果没有资金总额约束,一组方案中的各方案具有独立性质,但在资金有限的情况下,接受其中的某些方案则意味着可能不得不放弃另一些方案。也即资金总额的约束导致原本互不相干、互不影响的一组独立方案之间具有了相互作用和相互影响的关系。这类方案因其在没有资金约束下原本为独立方案,所以通常被称为"有资金限额的独立方案"。

4. 混合相关型　在方案众多的情况下,方案之间的相互关系可能包括多种类型,此时的方案为混合相关方案,例如众多干预方案中既有互补方案,又有替代方案,既有互斥方案,又有独立方案。

【例 5-11】　某糖尿病患者患有 2 级静脉曲张,假设现有治疗方案如下,方案 A:口服药物保守治疗;方案 B:进行静脉曲张手术;方案 C:穿静脉曲张弹力袜。若选择方案 B,为了利于刀口愈合,需在术前术后注意控制血糖,且手术后至少半年内需要辅以方案 C。血糖控制方案有两种,方案 D:口服降糖药物;方案 E:注射胰岛素。

(1)试判断在无资金约束的情况下,方案 A、B、C、D、E 之间的关系。

(2)假设目前有资金限制,试判断这些方案之间的关系。

解:(1)无资金约束情况

方案 A 和方案 B 是完全互斥方案;方案 A 和方案 C 可同时选择,亦可单独选择,二者是独立方案;根据临床要求,实施方案 B 后至少半年内需要辅以方案 C,因此方案 B 和 C 是完全互补方案。

与方案 A 和 B 性质一样,方案 D 和 E 也是完全互斥方案;方案 A、C 与方案 D、E 之间是独立关系;由于糖尿病人术前术后必须控制血糖,方案 B 的实施需要以方案 D 或 E 的实施为前提,因此方案 B 和方案 D、E 是完全互补型方案。

(2)在有资金约束的情况下,方案 A 和 C 有可能变成完全互斥方案,其余方案间关系不变。

二、不同类型相关方案的评价与选优

在药物经济学评价中,不同类型相关方案的评价、选优往往与通用经济学评价常用方法不同,后者一般根据方案的类型,相应选择排序法、互斥方案组合法等评价方法。但遗憾的是,这些已经较为成熟的方法在药物经济学评价当中往往因为缺少合适的计算指标而无法适用,使得相关方案的药物经济学评价无法简单照搬通用评价方法,必须根据方案自身特点和评价方法的内在逻辑来综合确定适当方法。

相关方案的类型不同,对其进行经济评价与选优的方法也就各具特点、不尽相同。鉴于对干预方案间的关系进行一定的梳理,通常可将其处理为资金限制型相关方案和混合相关方案两大类型,因此下面将对这两大常见类型相关方案的经济评价和选优的常用方法进行介绍。

1. 资金限制型相关方案的评价选优　由于现实生活中可用资源通常总是有限的,因此,原本彼此互无关系、互不影响的独立方案在资金约束下转变为相关方案的情况较为常见。这类方案的选优,是在不超过给定预算的前提下选出能取得最大收益的一个或多个方案,实现有限资源的相对最高效利用。对受资金限制的方案的选优,常用的方法是直接排序法。其步骤如下:①选择适宜的评价方法与指标判断每个方案自身的绝对经济性,剔除自身不经济的方案,保留经济的方案;②对保留的方案运用增量分析法判断其相对经济性;③按照增量效益 - 成本比由大到小或增量成本 - 效果比、增量成本 - 效用比由小到大的顺序依次排列并选择,直至达到或接近(但不超过)给定的预算限额。

用排序法对有资金限额的独立方案进行评价选优,其基本思想是在资源或资金额度一定的情况下,单位成本(资源或资金)带来的收益越高,该资源或资金所获得的收益就越大(有限资金的使用效率越高)。该方法具有简单易算、便捷直观的优点。

【例 5-12】 现有 4 种独立关系的干预方案,已知各方案的成本和效果数据如表 5-14 所示。假设当前每多获得一个单位的效果,愿意并能够支付的成本最高金额(阈值)为 1000元。现在资金有限,且预算总额为 500 元,试对给定方案进行评价、选优。

表 5-14 四种方案的成本、效果情况

干预方案	成本(C)(单位:元)	总有效率(E)(单位:%)
A	170	78.4
B	230	93.2
C	160	75.8
D	200	74.3

解:根据已知情况,可进行以下分析

(1)方案 D 成本高、效果差,直接排除;

(2)将剩余的 A、B、C 三个方案按照成本由小到大顺序排序,如表 5-15 所示;

表 5-15 剩余三种方案的成本、效果情况

干预方案	成本(C)(单位:元)	总有效率(E)(单位:%)
C	160	75.8
A	170	78.4
B	230	83.2

(3)根据已知条件,进行如下分析

C 方案:$C/E_{(C)} = 160/75.8\% = 211.08$,小于给定的阈值,所以 C 方案经济

A 方案与 C 方案进行增量分析:$C/E_{(A-C)} = (170-160)/(78.4\%-75.8\%) = 385$,小于阈值,A 方案的经济性优于 C 方案;

B 方案与 A 方案进行增量分析:$C/E_{(B-A)} = (230-170)/(83.2\%-78.4\%) = 1250$,大于阈值,A 方案的经济性优于 B 方案;

B 方案与 C 方案进行增量分析:$C/E_{(B-C)} = (230-160)/(83.2\%-75.8\%) = 946$,小于阈值,B 方案比 C 方案更经济;

(4)根据上一步骤所得结果,可知 A 方案的经济性优于 B 方案,B 方案的经济性优于 C方案,如表 5-16 所示,由上至下经济性递减。

表 5-16　剩余三种方案经济性排序

干预方案	成本（C）（单位：元）	总有效率（E）（单位：%）	累计成本（单位：元）
A	170	78.4	170
B	230	83.2	400
C	160	75.8	560

在不超过预算总额（500 元）的前提下，选择经济性最优的 A 方案和经济性次优的 B 方案。

2. 混合方案的评价选优　在药物经济学评价实践中，除资金限制型相关方案外，其他类型的相关方案可用相同的方法进行评价选优。对于这些类型的方案，处理原则是化繁为简，首先理顺方案间相互关系，根据方案拟实现的目标，将若干方案进行分层，最低可分为两层：上层为若干个存在独立或互斥关系的项目，下层由每个项目下的一组互斥方案组成，其中互斥方案可以是由若干个互补方案、成本或收益相关方案或资金限制相关型方案组成的互斥方案包。理顺方案间关系之后，按照由下至上的顺序进行干预方案的评价选优。

【例 5-13】　现有治疗某呼吸道疾病的四种干预方案 A、B、C、D，以及用于治疗某消化道疾病的四种干预方案 Ⅰ、Ⅱ、Ⅲ、Ⅳ 和治疗某内分泌系统疾病的四种干预方案甲、乙、丙、丁。三种疾病治疗方案在临床上无相互影响。假设每多获得 1 个 QALY，可以额外支付的成本（阈值）最高为 1000 元 /QALY。干预方案的成本、效用结果如表 5-17 所示。

（1）试分析哪个方案最具有经济性。

（2）若给定预算为 50 000 元，试在给定方案中进行评价、选优。

表 5-17　四种方案的成本、效果情况

干预方案	成本（C）（单位：元）	效用（U）（单位：QALY）
A	17 000	18.4
B	23 000	38.6
C	16 000	10.8
D	20 000	14.3
Ⅰ	15 000	16.8
Ⅱ	13 000	13.5
Ⅲ	14 000	15.4
Ⅳ	12 000	14.1
甲	27 000	38.7
乙	22 000	20.2
丙	26 000	27.6
丁	24 000	30.0

解：（1）按照治疗领域的不同，将 12 种方案分为三组：组一包括方案 A、B、C、D；组二包括方案 Ⅰ、Ⅱ、Ⅲ、Ⅳ；组三包括方案甲、乙、丙、丁。据题意可知，各组之内的方案彼此之间为互斥方案；此外，由于临床上三组方案不会互相作用，那么当资金充足时，三组方案之间互为独立方案，任何一个方案的选择与否都不会对其他方案的可选择性产生影响，因此，只需按照互斥方案的评价方法在组内进行评价计算，判断各组最具有经济性的方案；每组

经济性最优的方案就是资金充足时应当选择的经济性方案。

按照增量分析法的步骤,对每组的互斥方案进行经济性评价:

1)在组一中,方案 D 属于成本较高、效用较低,不具有经济性,直接剔除。在剩余的三个方案中进行增量分析:

C 方案的经济性判定: $C/U_{(C)}=16\,000/10.8=1481.48$(元/QALY),C 方案不经济;

A 方案的经济性判定: $C/U_{(A)}=17\,000/18.4=923.91$(元/QALY),A 方案经济;

B 方案与 A 方案进行增量分析: $C/U_{(B-A)}=(23\,000-17\,000)/(38.6-18.4)=297$(元/QALY),小于阈值,B 方案的经济性优于 A 方案。

综上,组一中的四种方案 A、B、C、D 中,B 方案的经济性最优。

2)同理,在组二中,方案Ⅱ属于成本较高、效用较低,不具有经济性,直接剔除。在剩余的三个方案中进行增量分析:

Ⅳ方案的经济性判定: $C/U_{(Ⅳ)}=12\,000/14.1=851.06$(元/QALY),Ⅳ方案经济;

Ⅲ方案与Ⅳ方案进行增量分析: $C/U_{(Ⅲ-Ⅳ)}=(14\,000-12\,000)/(15.4-14.1)=1538.46$(元/QALY),Ⅳ方案的经济性优于Ⅲ方案;

Ⅰ方案与Ⅳ方案进行增量分析: $C/U_{(Ⅰ-Ⅳ)}=(15\,000-12\,000)/(16.8-14.1)=1111.11$(元/QALY),Ⅳ方案的经济性优于Ⅰ方案;

综上,组二中的四种方案Ⅰ、Ⅱ、Ⅲ、Ⅳ中,Ⅳ方案的经济性最优。

3)在组三中,方案丙属于成本较高、效用较低,不具有经济性,直接剔除。在剩余的三个方案中进行增量分析:

乙方案的经济性判定: $C/U_{(乙)}=22\,000/20.2=1089.11$(元/QALY),乙方案不经济;

丁方案的经济性判定: $C/U_{(丁)}=24\,000/30.0=800$(元/QALY),丁方案经济;

甲方案与丁方案进行增量分析: $C/U_{(甲-丁)}=(27\,000-24\,000)/(38.7-30.0)=344.83$(元/QALY),甲方案的经济性优于丁方案。

综上,组三中的四种方案甲、乙、丙、丁中,甲方案的经济性最优。

因此,当资金充足时,应选择治疗该呼吸道疾病的 B 方案、治疗该消化道疾病的Ⅳ方案、治疗该内分泌系统疾病的甲方案。

(2)选择 B 方案、Ⅳ方案和甲方案时,共需资金 $23\,000+12\,000+27\,000=62\,000$ 元。当存在资金限制,给定预算为 50 000 元时,这种选择超出了预算额度,显然不再可行。此时,治疗不同疾病的三组独立方案已转变为相关方案,对其评价、选优的方法是:第一步与无资金限制时的处理方法一致,即分别在三个组中进行互斥方案的增量分析,得到各组方案间的增量成本-效用比值;第二步,将各组方案间的增量成本-效用比由小到大进行综合排序,优先选择排在前面且累计资金额等于或接近于(不超过)给定资金限额的方案组合。在本例中,如下所示:

表 5-18 三种方案进一步比选

干预方案	成本(C)(单位:元)	成本/效用(单位:元/QALY)	累计预算(单位:元)
B	23 000	297	23 000
甲	27 000	344.83	50 000
Ⅳ	12 000	851.06	62 000

按照表 5-18 由上到下顺序选择,直至累计预算达到或接近给定预算额度,因此,在给定预算为 50 000 元的条件下,应选择治疗呼吸道疾病的 B 方案和治疗内分泌疾病的甲方案。

需要注意的是,当对几种属于不同治疗领域的混合型方案进行比较选优时,结果指标的一致性至关重要,成本 - 效益分析和成本 - 效用分析可以较好地满足这种一致性的要求。

（张　方　宗　欣　孙利华）

思考题

1. 什么是多干预方案,类型有哪些?
2. 什么是互斥方案?互斥方案的经济效果评价选优有何特点?
3. 互斥方案在直接比较和增量比较时应注意哪些问题?
4. 什么是独立方案?独立方案的经济效果评价选优有何特点?
5. 什么是相关方案?常见类型有哪些?
6. 如何对受资金限制的方案进行经济效果评价选优?
7. 成本或收益相关型方案有何特点?如何对此类方案进行经济效果评价选优?
8. 什么是混合相关型方案?如何对混合相关型方案进行经济效果评价选优?

第六章　成本、收益数据的收集与分析

学习要求

1. 掌握：数据的收集方法，数据的分析方法。
2. 熟悉：数据的类型，样本量的测算。
3. 了解：马尔科夫模型，决策树模型。

通过前面各章的学习，我们已经了解和掌握了药物经济学评价中成本、收益的识别、计量与比较的方法。成本、收益数据是进行药物经济学评价的核心和关键要素，如何获取这些数据以满足评价之需？要回答上述问题，就离不开本章要介绍的内容：成本、收益数据的收集与分析。

数据的收集和分析是药物经济学研究的重要组成部分，数据的收集是数据分析的前提，合理的数据收集方法能够保证数据的质量。数据分析是通过对已经收集到的资料进行整合后，通过一定的分析方法找出隐藏在数字背后的特征和规律。本章主要介绍药物经济学评价中成本、收益数据的收集方法和分析方法。

第一节　数据的收集

数据的收集是根据研究中预定的目的和任务，运用相应的科学方法与手段有计划地收集数据的过程。在药物经济学评价研究中，无论是哪一种评价方法均涉及数据的收集，而保证数据的真实性、准确性和有用性已成为贯穿于数据收集过程中必须考虑的重要问题。

一、数　据　类　型

药物经济学评价中所使用的数据按不同的分类规则可分为不同的类型，这里主要依据常用的如下四种分类规则分类：①按照所采用的计量尺度分类；②按照统计数据的收集方法分类；③按照被描述的对象与时间的关系分类；④按照药物经济学研究特点分类。

（一）按照所采用的计量尺度

按照所采用的计量尺度不同，可以将数据分为计量数据、计数数据和等级数据。

1. 计量数据　计量数据（measurement data）又称定量数据（quantitative data）或数值型变量（numerical variable）数据。它是指为观测每个观察单位某项指标的大小而获得的数据。计量数据的变量值是定量的，表现为数值大小，一般有度量衡单位。根据其观测值取值是否连续，又可分为连续型变量（continuous）或离散型变量（discrete）两类。前者可在实数范围内任意取值，如身高、体重、血压、成本等，后者只取整数值，如某医院每年的病死人数等。

2. 计数数据　计数数据（enumeration data）又称定性数据（qualitative data）。它是指为

将观察单位按某种属性或类别分组计数,分组汇总各组观察单位数后而得到的资料。计数数据的变量值是定性的,表现为互不相容的属性或类别,如试验结果的阳性或阴性,家族史的有无等。计数数据可分为如下两种情形:

(1)二分类:如检查某学校学生大便中的蛔虫卵,以每个学生为观察单位,结果可报告为蛔虫卵阴性与阳性两类;如观察某药治疗某病患者的疗效,以每个患者为观察单位,结果可归纳为治愈与未愈两类。两类间相互对立,互不相容。

(2)多分类:如观察某人群的血型分布,以人为观察单位,结果可分为 A 型、B 型、AB 型和 O 型。依此分类,人群的血型被分为互不相容的四个类别。

3.等级数据　等级数据(ranked data)又称半定量数据(semi-quantitative data)或有序分类变量(ordinal categorical variable)数据。它是将观察单位按某种属性的不同程度分成等级后分组计数,分类汇总各组观察单位数后得到的数据。其变量值具有半定量性质,表现为等级大小或属性程度。如观察某人群对某血清的反应,以人为观察单位,根据反应强度,结果可分为六级(−、±、+、++、+++、++++);又如观察用某药治疗某病患者的疗效,以每名患者为观察单位,结果可分为治愈、显效、好转、无效四级等。

(二)按照统计数据的收集方法

按照统计数据的收集方法,可以将其分为观察数据(observational data)和实验数据(experimental data)。观察数据是通过调查或者观测而收集到的数据,这类数据是在没有对事物人为控制的条件下所得出的,有关社会经济现象的统计数据几乎都是观察数据。实验数据是指在实验中控制实验对象而收集到的数据。

(三)按照被描述的对象与时间的关系

按照被描述的对象与时间的关系,可以将数据分为截面数据(cross-sectional data)和时间序列数据(time series data)。截面数据是指在相同或近似相同的时间点上所收集的数据,用来描述现象在某一时刻的变化情况。时间序列数据是指在不同时间上所收集到的数据,用来描述现象随时间而变化的情况。由一系列时间序列数据排列而得出的一组数据我们称为时间序列,又称为动态数列。

二、数据的收集原则

1.准确性原则　准确性原则就是如实反映客观事物,这是保证数据质量的首要环节。如果数据不真实,必将给分析工作带来消极的影响。

2.及时性原则　及时性原则强调所收集数据的时效性,即要求在数据收集的规定时间内尽快提供资料。如果数据收集得不及时,就会贻误数据整理、分析的时间,使评价工作失去应有的作用。

3.系统性原则　系统性原则是指收集的数据应该有条理、合乎逻辑,便于整理汇总。

4.完整性原则　完整性原则是指被调查单位不重复、没有遗漏,所列调查项目数据收集齐全。如果数据收集不齐全,就有可能无法反映出所要研究现象的全貌,甚至会做出错误的判断。

三、数据的收集方法

就药物经济学所需数据本身而言,最初都源自于直接的调查或者实验。而从使用者的角度看，药物经济学评价所需数据主要源自两个渠道：一是直接来源，即调查研究和试验研究，也称之为第一手或直接的统计数据；二是间接来源，即已有调查或试验的数据，也称之为第二手或间接的统计数据。

（一）直接来源数据的收集

药物经济学所需数据的直接收集方法主要有两种，一是观察性研究，二是实验性研究。

1. 观察性研究　观察性研究分为描述性研究和分析性研究两种类型。描述性研究主要是对人群的疾病或健康状态在人群、时间、地区的分布和强度进行描述，特别是从样本中获得数据来推断和评估总体的参数，其中应用最多的方法是"横断面研究"（cross-sectional study）。分析性研究的目的在于探索疾病与健康的各种危险因素，估计它们对疾病与健康作用的大小，并提出可能的干预措施，其主要任务是探索和验证病因假说，常用的方法有"病例对照研究"和"队列研究"。

（1）描述性研究：横断面研究，也称为患病率调查（prevalence study），是一种在医学领域中常见的观察性研究方法，在某人群中应用普查或抽样调查方法收集特定时间内人群中有关疾病与健康状况的资料，以描述疾病或健康状况在地区、时间和人群中的分布规律以及观察某些因素与疾病之间的关联。

调查方法：现况调查的研究方法是根据调查目的和调查范围来确定的。根据调查的范围，可将调查方法分为全面调查和非全面调查，包括以下几种。

1）全面调查（census）：即普查（overall survey），在总体范围内调查所有观察单位。理论上认为，只有普查才能获得总体参数而且也不存在抽样误差。但是，实际中这是难以办到的。一般的总体所含的观察个体数量较多，在短时间内要求开展规模巨大的调查，不仅工作量大，消耗大量人力物力，并且还难以进行深入细致的调查。普查通常用于了解一个总体在某一个特定的时间"节点"的情况，比如入户普查。普查对时间的要求很高，由于人群在不断地流动、人群的结构也在不断变化、各种新情况总会不断发生，因此调查应设定一个时间"节点"。为了能在短时间内完成，则需要并培训大量的调查人员，这也是一件困难的工作，还会影响调查的准确性。

2）抽样调查（sampling survey）：即从总体中抽取一定数量的观察对象组成样本，然后根据样本信息来源推断总体特征。这是一种以小窥大、以部分估计全部的调查方法。为使这个部分能比较真实地反映全部，应当采取随机的方法抽取样本，根据观察对象的特点采用不同的抽样方法。抽样调查可以计算出抽样误差，经过统计分析，能客观地评价调查结果的精度，并对误差进行控制。抽样调查与普查比较，观察对象减少很多，因而节约人力和财力，还能获得较为深入、准确的资料。

3）典型调查（typical survey）：也称之为案例调查，在对研究对象作全面了解、分析的基础上，在目的地选定典型的人或群体进行深入剖析。通过典型调查可以得到同一类事物特征的集中表现。解剖典型事例有利于对事物的特征作深入的研究。典型调查还可以与全面调查相结合，分别从不同的深度与广度说明问题。由于典型调查没有遵循随机抽样的原则，不能用于估计总体参数，但在一定条件下，根据专业知识，选定一般典型调查可对总体特征作经验推论，但这不属于统计推断范畴。

（2）分析性研究：分析性研究的主要任务是探索某些因素与结果之间的因果关系，一般可分为病例对照研究（case-control study）和队列研究（cohort study）两种方法，它们在时间序列上都属于纵向研究的范畴,设计上有回顾性研究和前瞻性研究两种类型。

1) 病例对照研究:病例对照研究是通过调查患有某种疾病的人群(或一组)和一组(或几组)未患该病的对照人群,回忆过去有无"暴露"于某个或某些危险因素的历史,而这种危险因素正是被怀疑为与该病的发生有联系的因素,在比较上述两组暴露于某危险因素的百分率(亦称暴露比)的基础上,以验证暴露因素与所研究疾病的因果关系,假如两组人群的暴露比确有显著性差异,则可以认为所研究疾病与因素之间存在着某种联系。进一步的研究还能分析产生影响的因素属于正向作用还是反向作用以及影响强度的大小。

这是一种由结果考察其原因的调查,通过对已经发生的诱因与疾病开展调查,了解两组对象过去有无与该病有联系的可能危险因素的暴露史。这种研究在时间上是回顾性的,所以又称其为回顾性研究(retrospective study)。它还可以同时探索和验证可能造成因果关系的多个因素,即一次调查可以做多个可疑病因的探索,并能较快地获得结果,特别适用于罕见病的危险因素研究。缺点是必须通过回忆来获取数据,易影响资料的准确性;另外,由于疾病多存在潜伏期、隐形感染和相关疾病,选择理想的对照组往往比较困难。

病例对照研究按研究设计和统计分析方法的不同,还可以分为两类:群组病例对照研究(groups case control study)和匹配病例对照研究(individual case control study)。

群组病例对照研究:在需要研究该疾病的患者人群中和健康人群中,分别随机抽取一定量的调查对象,作为病例组和对照组,尽量使两组在主要因素方面差异较小,然后,以病例组和对照组的群体为单位进行比较。这种研究具有探索性的意味。

匹配病例对照研究:该研究以病例个体和对照个体进行匹配,按照该病患者的某些因素或特征去选择与之相同的对照(比如性别相同、年龄相仿、职业相近、生活习惯差不多等)。当病例与对照对象都容易得到时,可用一个病例匹配一个对照,即:1:1 对照,也称配对(pair matching);当病例来源有困难,病例数较少、而对照较易获得时,可用一个病例匹配 2~4 个对照,即 1:2、1:3 或 1:4 对照,一个研究同时包含几种匹配形式时,称为混合对照(mixed matching)。一般很少用 1:4 以上的匹配。此法可避免一些由于其他因素的差异而给研究结果带来的影响。

2) 队列研究:队列研究又被称为群组研究、定群研究、前瞻性研究。队列研究的方法是根据人群是否暴露于某种因素之下,暴露者列入暴露组,未暴露者列入非暴露组。在一段时间内对这两组进行定群跟踪,密切观察这两组人群中发生的不良反应,疾病以至死亡的情况等,比较和分析暴露组与非暴露组的发病率(或死亡率)。如果暴露组某病的发病率或死亡率显著性地高于非暴露组,则可以假设该暴露因素与某疾病的发生有联系,然后进行验证。在进行队列研究时,最好事先通过其他研究或查阅资料,选择在该暴露因素之下最易出现的疾病成因的假设,然后加以验证。

从事队列研究时,研究者在一开始就已经知道研究人群中的非暴露者与暴露者,且知道暴露的强度和持续时间等因素。但是此时,不论是非暴露组还是暴露组均未患有研究之中的某个疾病,通过在一个特定时期内的严密观察,研究者可以直接判断和亲自收集新病例,同时,也能够适时地测量有关暴露的各种数据。可想而知,这样的研究资料来源可信度更高。诚然,队列研究首先需要确定被研究的人群必须是有可能患上被研究疾病的个体所组成的对象,一方面需要严格筛选每个进入队列研究的对象,他们当时并未患有被研究的疾病,另一方面又都是很有可能患该疾病的成员。

队列研究按其研究时间的起止点（时序），又可分为三种设计模式：前瞻性队列研究、历史性队列研究和双向性队列研究。

a. 前瞻性队列研究（prospective cohort study）：研究对象的确定与分组是根据研究开始时的状态，研究的结局需随访观察一段时间才能得到。这种设计又称即时性队列研究（concurrent cohort study），这是队列研究的基本形式。

前瞻性队列研究的最大优点是研究者可以直接获取第一手资料，而且资料的偏性比较小。这种研究在开始时就有了每个个体的暴露水平以及混杂因素的资料，在随访期内，研究者还可以获得暴露和混杂因素变化的资料，并可用新的检测手段检查新的指标，其研究设计最接近于实验研究，因此其结果也最适宜做因果关系的推论。但是如果需要观察大量人群，则花费太大。如果疾病的潜伏期很长，则需要观察的时间很长。这些都会影响其可行性。

b. 历史性队列研究（historical cohort study）：历史性队列研究又称回顾性队列研究，研究工作是现在开始的，研究对象是过去某个时间进入队列的，即研究的起点是过去某个时间，研究对象的确定与分组是根据进入队列时的暴露情况进行的，研究的结局在研究开始时已经发生，即研究的暴露与疾病均已发生。暴露到结局的方向是前瞻性的，而研究工作的性质是回顾性的。这种设计又称非即时性队列研究（non-concurrent cohort study）。

历史性队列研究节省时间、人力和物力，出结果快，因而适宜于长诱导期和长潜伏期的疾病，也经常用于具有特殊暴露的职业人群的研究。但是这种研究常常缺乏影响暴露与疾病关系的混杂因素的资料，以致影响暴露组与未暴露组的可比性。

能否开展历史性队列研究，完全取决于是否有暴露与疾病的资料的详细记录。有关暴露、疾病和死亡资料的完整性和真实性，将直接影响研究的可行性和研究结果的真实性。

c. 双向性队列研究（ambispective cohort study）：在历史性队列研究之后，继续进行前瞻性队列研究称为双向性队列研究。这种研究同时具有回顾性队列研究和前瞻性队列研究的性质。其特点是，研究开始时暴露和暴露引起的快速效应（如肝功能损害、出生畸形、流产、不育等）已经发生，而与暴露有关的长期影响（如癌症、寿命缩短等）尚未表现出来。这种设计最适宜于评价对人体健康同时具有短期效应和长期作用的暴露因素。这种研究具有上述两种研究的优点，在一定程度上弥补了它们的不足。

2. 实验性研究 实验研究是药物经济学获得数据的重要方法。实验研究是指研究者根据研究目的人为地对实验单位设置干预措施，按照对照、重复、随机化的基本原则控制非干预措施的影响，通过对实验结果的分析，评价干预措施的效果。根据研究目的不同，实验单位或受试单位可以是人、动物和植物，也可以是某个器官、组织、细胞、亚细胞或血清等生物材料。根据实验对象或受试对象的不同，实验常分为以下三类：①动物实验（animal experiment），其实验对象为动物；②临床试验（clinical trial），其受试对象通常为患者；③现场试验（field trial），其受试对象通常为自然人群。医学科研一般不允许在人体上直接进行试验，需要先进行动物实验，在确定无害的条件下再应用于人体。在药物经济学评价中，临床试验是其获得数据的重要方法。因此在本教材中，主要介绍临床试验研究。

临床试验（clinical trial）从研究的性质划分属于实验性研究的范畴，指对任何在人体（病人或健康志愿者）中进行的各种治疗方法或预防措施的干预性研究，以证实或揭示治疗方法或预防措施的疗效和安全性，从而综合评价治疗方法或预防措施的效果和价值。与动物实验研究不同，临床试验的受试对象通常是病人。作为兼有社会属性和生物属性的人，其个体之间在生理特点、心理状态、文化水平及所处的自然环境、社会经济状况等各方面都存在差异，存在"依从性"和"失访"问题。此外，作为一种以"人"为受试对象的实验研究，也必须面对医学伦理学问题。临床试验类型有：

（1）随机对照试验：随机对照试验（randomized controlled trial，RCT）是临床试验中应用最广泛的一种实验类型。其采用随机化的方法，将合格的研究对象分别分配到试验组和对照组，然后接受相应的试验措施，在一致的条件下或环境中，同步地进行研究和观测试验的效应，并用客观的效应指标对试验结果进行科学的测量和评价。随机对照实验属于前瞻性研究，常用于对某种药物或治疗方法的效果进行检验和评价。

（2）基于随机临床试验的药物经济学研究：基于随机临床试验（randomized controlled trial，RCT）的经济学评价研究也称为平行试验（piggy-back）研究，是将药物经济学研究与药物临床试验相结合，通常在药物Ⅲ期临床试验（也有的在Ⅱ期或Ⅳ期临床试验）中进行经济学研究，这是目前广泛采用的研究设计。

临床试验广泛地用于评价药物、设备的安全性和有效性等，许多国家在对药物是否纳入医疗保险范围进行决策时，要求生产者必须提供相应的经济学评价资料，这使得与临床试验同期进行的平行研究开始进入人们的视野，而采用平行研究进行药物经济学评价的研究也逐渐增多。

（3）实际临床试验：实际临床试验（pragmatic clinical trial，PCT）与随机临床试验同属于前瞻性研究设计，它与随机临床试验相同之处是以某个时间点为起点向前进行研究，将所有试验对象随机分配到试验组和对照组。不同的是它不要求对研究组和对照组做相同的检查或采用其他相同的治疗手段等，它允许临床医生根据自己的临床经验修改治疗方案，如改变药物的用药量、用药次数等。

在实际临床试验过程中，医务人员按照一般的规则，根据患者的需求开处方。对病人采用什么治疗措施并不事先确定，且对病人不采取任何额外的不为治疗所需要的（可能为试验所需要）诊断或监测，并且利用流行病学的方法来分析所收集的数据。

（4）交叉试验：交叉试验（cross-over design）是指试验中的试验组和对照组在整个试验过程中通过前后两个阶段互相交叉的方式完成，即分别先后接受两种不同试验措施的处理，最后评价试验结果的一种临床试验性研究。主要用于临床干预措施的研究和评价，是随机对照试验的一种特殊类型。它兼有随机对照试验和自身前后对照试验的优点，属于一级设计方案。

在试验开始前，符合纳入标准的试验对象先进入观察期，了解研究对象是否处于一个相对稳定的状态。例如在比较和评价新的治疗高血压的方案中，观察期的研究对象的血压已达正常水平，则不宜列入研究对象，以免影响研究结果的判断。经过一定时间观察后，将符合纳入标准的研究对象通过随机的方法分为试验组和对照组，分别接受第一阶段试验，如试验组首先接受方案A，而对照组接受方案B，经过一定时间试验观测，并获得相应的结果之后，按设计要求经过洗脱期（washout period）然后进入第二阶段的交叉试验。即两组进行交换，试验组换为方案B，而对照组换为方案A。按照第一阶段相同的指标，观测第二阶段的治疗反应。当试验结束时，将其结果与第一阶段的结果进行综合分析和评价。

在交叉试验设计时，一定要注意前后两个试验阶段药物洗脱期的时间设置，通常以药物的 5 个半衰期为宜，不宜过短或过长，否则易受偏倚干扰的影响。

（5）自身前后对照试验：自身前后对照试验（before-after study in the same patient）是指每一个受试对象，先后接受试验和对照两种不同措施进行试验研究，最后将两次先后观测的结果进行比较的一种设计方案。自身前后对照试验是以个体自身为对照，它可以避免个体差异对结果的影响。在研究过程中，试验和对照两种措施的先后安排可以是随机的，也可以是非随机的，最好采用随机方法选择试验措施或对照措施作为第一阶段的试验。如方案 A 随机地进入第一阶段研究，受试者先接受方案 A 的干预，当完成试验观测任务后，则停止用药并总结前阶段的试验结果。然后进入洗脱期，洗脱期结束后，更换为方案 B，开始第二阶段的试验研究。同样按照第一阶段方案 A 的测试指标观测相应的结果，完成后则将前 - 后两个阶段的结果进行分析和比较。

（6）半随机对照试验：半随机对照试验（quasi-randomized controlled trial）与随机对照试验设计相似，唯一的区别是试验对象分配方式不同。它是按半随机分配方式，即按研究对象的生日、住院日或住院号等末位数字的奇偶数，将试验对象分配到试验组或对照组，接受不同干预措施。

半随机对照试验常因分配方式，容易出现选择偏倚，造成基线情况的不平衡，因此，虽然花费的时间、精力、财力并不亚于随机对照试验，但其结果的真实可靠性却不及随机对照试验。

（7）非等量随机对照试验：非等量随机对照试验（unequal-randomized controlled trial）指试验对象按一定比例（通常为 2:1 或 3:2）随机分配到试验组或对照组。主要应用于新药疗效验证研究，特别是由于病人来源和研究经费有限而研究者希望尽快获得结果的情况。但需要注意的是试验组和对照组的例数不能相差过大，否则会降低检验效能，超出 1:4 或 4:1 比例，检验效能会明显下降。

（8）整群随机对照试验：整群随机对照试验（cluster randomized controlled trial）不同于多数随机对照试验以患者个体为随机分配单位，而是在某些特殊情况下，以多个个体组成的小群体作为分配单位，进行随机分组。

例如，设计一种预防心血管病的特殊膳食食谱，拟与普通饮食比较，观察预防心血管疾病发生的效果。假若一家 4 口人中，有 3 个被选为合格的试验对象，其中有可能将 1 人分配到特殊膳食组，2 人分配到普通饮食组。在日常生活中，一家人不可能做长期两种不同膳食共用，即使做到了，沾染或干扰现象也不可避免，从而影响研究结果。显然单一个体不宜作为试验的分配单位。于是，就可以一个家庭，一对夫妇，一个小组甚至一个乡镇等作为随机分配单位，将其随机地分配到试验组或对照组，分别接受相应的措施进行研究。此类试验称为整群随机对照试验。

整群随机对照试验在设计上与一般随机对照试验一样，不同之处在于因随机分配的单位不同，导致样本含量和结果分析方法有所差异，所需样本含量较大。

（9）基于单个患者的随机对照试验：单个患者的随机对照试验（number of one randomized controlled trial, n-of-1 trial）是对患慢性疾病的单个个体进行的一种随机对照试验，以确定多种治疗措施中哪一种对该患者有效，从而避免服用多种药物，减少浪费以及避免误服某些无效甚至有害药物。

单个患者的随机对照试验方法是将所有"有效"的药物与其安慰剂配对。以每对药物为一个单位,采用随机分配的方式决定每对药物的使用顺序;对每对药物,同样以随机分配的方式决定试验药物和安慰剂的使用顺序。依据药物疗效发生和达到稳定所需的时间来决定药物的观察期,所有试验药物的观察期应保持一致,以便比较。通常采用双盲法,以利于试验结果的评价。基于单个患者的随机对照试验适用于慢性复发性疾病。

（10）非随机同期对照试验:非随机同期对照试验(concurrent nonrandomized controlled trial)是临床传统使用的一种研究设计,指试验组和对照组的受试对象不是随机分配的,而是由病人或医生根据病情及有关因素人为地分到试验组或对照组,并同期进行结果观察。

非随机对照试验是前瞻性的研究,通常用于比较临床不同干预措施的实际效果。该试验在研究对象的分组分配上,由于人为的因素,往往会造成试验和对照两组之间在试验前即处于不同的基线状态,缺乏可比性。在研究过程中也难以盲法评价试验结果,使得许多已知／未知的偏倚影响观测结果的真实性。但在临床实际工作中,有些情况下不适宜做随机对照试验,例如外科手术治疗、急重症病人抢救或贵重药物的选用等。因此,只能根据具体情况将患者分入试验组或对照组。其研究结果的论证强度虽远不及随机对照试验,但在尚无随机对照试验结果或不能进行随机对照试验时,还是可取的,尤其是对于大样本的非随机同期对照试验结果,仍具有重要的临床价值。只不过在分析和评价研究结果的价值及意义时,应持审慎的态度。该研究方案的可行性和依从性均较好,易为临床医生和患者接受。但由于选择性偏倚和测量性偏倚的影响,降低了结果的真实性,其论证强度也相应减弱。

（11）多中心临床试验:多中心临床试验(multicenter clinical trial)是由多位研究者按同一试验方案在不同地点和单位同时进行的临床试验,各中心同期开始与结束试验,多中心试验由一位主要研究者总负责,并作为临床试验各中心间的协调者。大型多中心合作临床试验一般均有1000例以上大样本。

大型多中心合作的临床研究常有以下两种:一种是大样本随机临床试验,另一种是Ⅲ期新药临床试验。两者均是为了评估某种治疗措施的临床效果,但也有不同之处。大样本随机临床试验是医疗科研人员发起的,旨在解决医学领域某些尚待解决的问题而进行的临床研究,用以评估某种治疗措施对患者生存率及重要临床事件的影响;而Ⅲ期新药临床试验是药品生产厂家按照药品法规的规定,为达到新药注册的目的所进行的试验研究,旨在评估该药的临床疗效及不良反应。

进行大型多中心合作临床试验,从社会效益方面看,因其设计方法科学,可公正地评估治疗药物的疗效,限制或淘汰疗效差或有严重不良反应的药物,能为循证医学实践提供证据,有助于提高临床治疗水平;从经济效益方面看,进行大型多中心合作临床试验,既可为国家和患者节省大量医药开支,又可让安全、有效药品的生产厂家获益,从而实现双赢。此外,大型多中心临床试验也是上市后药物疗效再评价的最佳方法。

（二）间接来源数据的收集

在药物经济学数据搜集过程中,有时很难通过观察性研究或实验性研究取得所需的第一手数据。此时可以通过一定渠道获取别人调查或科学实验所取得的统计数据,这便是第二手数据或称间接数据。

间接数据的收集方法主要通过查阅文献资料摘取已有数据进行整理、融合、调整、归纳后供药物经济学评价使用。随着计算机网络技术的发展和普及，通过网络来获取所需的各种数据资料将是获取间接统计数据的一种重要渠道。

药物经济学评价使用的文献资料按照其内容和组织形式可以分为零次文献、一次文献、二次文献和三次文献等。零次文献（较少使用）是那些未经正式发表或未进入社会交流的最原始文献，如设计草图、实验记录、草稿、会议记录、内部档案等。一次文献又称原始研究文献，是基于作者本人的经验总结或者科研成果而创作的、具有一定原创性的一类文献，如生物医学期刊中最为常见的论著（article）是典型的一次文献。为方便检索利用这些原始研究文献，国内外专业医学信息研究机构或组织，基于一次文献的外部特征进行收集、整理、压缩、归类，并按照一定顺序组织编排等初步加工过程，生产出一系列的二次文献，如书目、索引、文摘、题录等。这些二次文献具有汇集性、工具性、综合性、系统性等特点，出版形式包括印刷型和电子型等，其中医学文献检索数据库，以 MEDLINE、Embase、中国生物医学文献数据库（CBM）、CNKI、VIP 等最为常用。这些生物医学文献数据库，均由专门机构负责收录、整理、加工全球范围内发表的各类原始研究文献，收录条目数量庞大，但彼此间互有交叉、质量也参差不齐。三次文献是在充分利用二次文献的基础上对一次文献做出系统整理和概括，进而汇总编写而成的综述性文献，主要包括综述、年鉴、手册等，其中以系统综述（systematic review）、临床实践指南（clinical practice guideline，CPG）等最为常见。

系统综述（systematic review）也称系统评价，是一种全新的文献综合方法，针对某个主题进行的二次研究，是在复习、分析、整理和综合针对该主题的全部原始文献基础上进行的，综述过程要依照一定的标准化方法。Meta 分析国内翻译为"荟萃分析"或"汇总分析"，其有广义和狭义两种概念，尚未统一。广义 Meta 分析指系统综述用定量合成方法对资料进行统计学处理。故 Meta 分析是系统综述的一种，是一个研究过程。狭义 Meta 分析只是一种定量合成的统计处理方法。目前国外文献中以广义概念应用更为普遍。因而系统综述常与 Meta 分析交叉使用，表达的意思相同。值得注意的是 Meta 分析仅是系统综述的一种类型，系统综述不一定都是 Meta 分析。系统综述还有多种类型，如病因研究、诊断性试验评价、预后及流行病学研究等。

系统综述可为某一领域和专业提供大量的新信息和新知识，多数是可信的。但是，由于是对原始文献的二次综合分析和评价，受到原始文献质量、系统综述方法及评价者本身的专业知识、认识水平和观点等制约，读者在阅读系统综述的观点和结论时，一定要持谨慎的态度，不能盲目被动地接受。

四、数据的证据级别

药物经济学研究数据来自于不同渠道，在数据的使用过程中一定要注意数据的证据等级。证据等级（hierarchy of evidence）是根据研究设计的严谨性、方法学的可靠性、研究特征和作用、可应用性等方面划分证据优劣。等级强度越强，推荐强度越强。

Douglas Coyle 和 Karen Lee 提出了关于经济学评价的数据等级标准，该标准包含了临床效果、临床基线情况、资源利用情况、成本和效用五个方面（见表 6-1）。

表 6-1　　经济学评价数据源级别

A　临床效果

1++ 不同治疗方案的多个随机对照试验的 Meta 分析,评价临床终点

1++ 不同治疗方案的单个随机对照试验,评价临床终点

2++ 不同治疗方案的多个随机对照试验的 Meta 分析,评价替代观察终点

2++ 对多个在相似受试群体中开展的以安慰剂组为对照组的随机对照试验进行 Meta 分析,评价每个治疗方案的临床终点

2++ 不同治疗方案的单个随机对照试验,评价替代观察终点

2++ 在相似受试群体中开展的以安慰剂组为对照组的单个随机对照试验,评价每个治疗方案的临床终点

3++ 对多个在相似受试群体中开展的以安慰剂组为对照组的随机对照试验进行 Meta 分析,评价每个治疗方案的替代观察终点

3+++ 在相似受试群体中开展的以安慰剂组为对照组的单个随机对照试验,评价每个治疗方案的临床终点

4++ 病例对照或者队列研究

5++ 非分析性研究,例如病例报告、系列病例分析

6++ 专家意见

B　临床基线数据

1++ 病例分析或者是对可靠的管理性数据的分析,尤其是对那些仅来源于兴趣范围内的病人的研究分析

1+　最近的病例分析或者是对那些仅来源于兴趣范围内的病人的可靠的管理性数据的分析

2　最近的病例分析或者是对那些来源于其他范围的病人的可靠的管理性数据的分析

3　既往的病例分析或者是对可靠的管理性数据的分析

3+　来自对多个随机对照试验的评估

4++ 来自对既往出版的经济学研究的评估:无出处

5++ 专家意见

C　资源利用

1++ 前瞻性的收集数据或对某研究的可靠的管理数据的分析

1++ 最近公布的前瞻性研究数据收集结果或者最近可靠的管理数据的分析(相同范围)

2++ 来自既往的经济学评估的无出处数据(相同范围)

2++ 最近公布的前瞻性研究数据收集结果或者最近可靠的管理数据的分析(不同范围)

3++ 来自既往的经济学评估的无出处数据(不同范围)

4++ 专家意见

D　成本

1++ 基于可信度高的数据库或者特定研究的成本测算数据(相同权限)

1++ 最近出版的基于可信数据库或者数据资源的成本测算数据(相同权限)

2++ 以前经济学评价研究使用过的无出处数据(相同权限)

2++ 最近出版的基于可信数据库或者数据资源的成本测算数据(不同权限)

3++ 以前经济学评价研究使用过的无出处数据(不同权限)

4++ 专家意见

E　效用

1　针对特定研究样本的直接效用评估:

(a)普通人群

(b)对所研究疾病有一定常识的人群

(c)患有所研究疾病的患者

针对特定研究患病人群的间接效用评估;使用经验证过的测量工具对病人的评估

2　针对以前研究样本的直接效用评估:

(a)普通人群

(b)对所研究疾病有一定常识的人群

续表

| （c）患有所研究疾病的患者 |
| 针对以前研究中患病人群的间接效用评估；使用经验证过的测量工具对病人的评估 |
| 3　针对以前研究中患病人群的间接效用评估；使用未经验证过的测量工具对病人的评估 |
| 通过模拟视觉标尺法测得患者偏好值 |
| 直接运用来自样本患者的疾病兴趣或者无效患病人群进行评估 |
| 4　德尔菲法，专家意见 |

五、样　本　量

在数据收集中，我们总是希望所收集的数据应该能够代表所要研究的某个事物的根本特征，如何做到或保证这一目的的实现呢？理想的做法就是对所要研究的该事物搜集其全部数据，但是，由于受到经济资源的限制，往往没必要，有时甚至是不可能得到所研究对象的全部数据。为此，科学的做法就是从该事物全部数据中抽取有一定代表性的数据，即统计学中的抽样。每次抽样所得到的数据称为样本。所谓样本是指从研究对象的总体中所抽取的一定数量的个体。它是在研究中可以直接获得并用以进行观察、统计和分析的对象。样本中所包含的观察单位数称为该样本的样本量（sample size）。在药物经济学研究中，合理的样本量不仅能够节省人力、物力、财力和时间，还能够保证分析的科学性和结果的合理性。

不同的数据收集方式应该采取相应的样本量测算方法。当药物经济学研究中的数据来源于医疗保险数据库等大样本数据时，由于样本量往往已远超过最低研究样本量的要求，不需要计算最小样本量。对于围绕临床试验的平行研究和二次文献研究来说，样本量由临床试验和已有研究决定。而当研究者自行设计数据收集方案时，特别是收集数据成本较高时，需要考虑最小样本量要求。一般来说样本量应略大于随机临床试验，推荐采用药物经济学试验样本公式进行估算。当估算公式中的各个参数难以获得时，每组病人样本量不得低于按临床试验或队列研究样本量估计公式计算的样本量。

理想状态下，药物经济学评价的样本量大小应该基于标准方法进行样本量测算。但是在临床试验研究中，样本量的计算是通过一整套的统计学理论体系和假设检验理论来操作的，在给出统计效能和显著水平后，确定能检测出预设定的、具有重要临床治疗显著性差异的最少样本量。它的无效假设是实验组和对照组所观察的临床指标没有差别。药物经济学试验与随机对照试验在对照、研究对象、研究背景、终点指标、效应大小、观察时限、Ⅰ型和Ⅱ型错误可接受水平与统计方法上的区别：采用常规治疗取代安慰剂对照，允许更广泛的治疗人群；单个国家或中心的研究；采用经济分析的结果指标；评价结果为成本 - 效果比；研究时间足够长以观察最终的结果；对经济参数估计Ⅰ型和Ⅱ型错误大小；统计分析方法不同。这些都造成要求样本量增加，故应在预试验基础上估算其样本量。经济学评价与临床评价相比通常需要更大的样本量。样本量足够大，则便于经济学评价时检测出差异，但对于临床试验本身可能不经济；另外，为了样本量的要求而使不必要的人群参与试验也有违伦理。因此，一些临床试验在设计当中根据临床目的来确定样本量，降低了经济学评价的检验效能和准确性。

（一）随机对照试验样本量估计

1. 计数资料的样本大小的估计　　如果结局变量是计数指标，如发病率、感染率、病死率和治愈率等，则可按式（6-1）计算样本量：

$$N = \frac{\left[Z_\alpha \sqrt{2\overline{P}(1-\overline{P})} + Z_\beta \sqrt{P_1(1-P_1) + P_2(1-P_2)} \right]^2}{(P_1 - P_2)^2} \tag{6-1}$$

式中，P_1 为对照组某结局的发生率；P_2 为试验组某结局的发生率；$\overline{P} = (P_1 + P_2)/2$。$\alpha$ 代表 I 型错误出现的概率，即出现假阳性错误的概率，Z_α 为 α 水平相应的 μ 值；β 为出现假阴性错误的概率（II型错误率），Z_β 为 β 水平相应的 μ 值。N 为计算所得一个组的样本大小。

2. 计量资料的样本量估计　如果结局变量是计量资料，如血压、血糖等，则可按式（6-2）计算样本量：

$$N = \frac{2(Z_\alpha + Z_\beta)^2 \sigma^2}{d^2} \tag{6-2}$$

式中，σ 为估计的标准差；d 为两组结局变量均值之差；Z_α、Z_β 和 N 所示意义同上述计数资料的计算公式。

（二）净现值法的样本量估计

净效益值法的样本量估计原理是对于某一待评价的方案（新方案），假设其与标准方案（旧方案）相比净效益值是大于 0 的，在此基础上计算样本量。与单纯依靠成本或者效果指标进行样本量计算相比，净效益值法综合考虑了成本和效果两个方面，因此其需要更多信息。

净效益值法样本含量估计公式为：

$$n = \frac{(Z_{1-\alpha} + Z_{1-\beta})^2 (X_T + X_S)}{\delta^2} \tag{6-3}$$

其中：

$$X = Var(e) + \frac{Var(c)}{\lambda^2} - \frac{2Cov(e,c)}{\lambda} \tag{6-4}$$

1. α 表示第一类错误的概率，β 表示第二类错误的概率。

2. T 代表新方案，S 代表标准治疗方案。$Var(e)$ 表示效果的方差，$Var(c)$ 表示成本的方差，$Cov(e,c)$ 表示成本和效果的协方差。方差测量的是数据的离散程度，协方差表示两变量之间的线性相关程度。成本的方差和效果的方差需要根据以前类似的试验或者未发表的研究确定，假设其以前的研究与目前的研究之间存在相互兼容性。

3. λ 表示单位效果的社会支付意愿水平。

4. δ 表示最小临床显著差异。

【例 6-1】　对某一抗抑郁治疗药物治疗轻中度抑郁症的效果进行药物经济学评价，实验组治疗方案为（某抗抑郁药＋认知行为治疗），对照组为（安慰剂＋认知行为治疗），根据以前的研究成果（Bower et al, 2000）确定成本方差、结果方差以及成本和效果的协方差（见表 6-2）。治疗效果根据抑郁自评问卷（BDI）评分确定，3～5 分的 BDI 改善具有最小临床显著差异，本例中取最小临床差异为 BDI 评分 3 分。单位效果的社会支付意愿水平为 30 000 元，$\alpha = 0.05$（双侧），$\beta = 0.10$，估计样本含量 n。

表 6-2　两种治疗方法的变异水平及协方差

	例数（n）	$Var(e)$	$Var(c)$	$Cov(e,c)$
某抗抑郁药物结合认知行为治疗	198	74.27	1 207 742	1041.21
安慰剂结合认知行为治疗	56	127.57	3 214 594	4433.97

$$X_T = 74.27 + \frac{1\,207\,742}{30\,000^2} - \frac{2 \times 1041.21}{30\,000} = 74.202$$

$$X_s = 127.57 + \frac{3\,214\,594}{30\,000^2} - \frac{2 \times 4433.97}{30\,000} = 127.278$$

$$n = \frac{(1.96 + 1.28)^2 \times (74.202 + 127.278)}{3^2} \approx 235（人）$$

本研究的某抗抑郁药物结合认知行为治疗组和安慰剂结合认知行为治疗组各需235人。

第二节　数据的分析

在药物经济学研究中，通过调查研究、实验研究以及文献完成药物经济学评价所需资料收集之后，需要根据预定的研究计划对数据进行分析。药物经济评价分析主要涉及统计分析、成本收益分析、不确定性分析和模型分析等。

一、数据的统计学分析

数据的统计学分析包括统计描述和统计推断。药物经济学评价所收集到的数据均可以进行统计描述分析和统计推断分析。

（一）统计描述

统计描述是对数据包含的信息加以整理、概括和浓缩，用适当的统计指标来表达数据的特征或规律。

1. 计量数据的统计描述

（1）算数均数：可用于反映一组呈对称分布的变量值在数量上的平均水平，其计算公式为：

$$\bar{x} = \frac{\sum x}{n} \tag{6-5}$$

（2）几何均数（geometric mean）：可用于反映一组经对数转换后呈对称分布的变量值在数量上的平均水平，其计算公式为：

$$G = \lg^{-1}\left(\frac{\sum \lg X}{n}\right) \tag{6-6}$$

（3）中位数（median）：是将 n 个变量值从小到大排列，位置居于中间的那个数。当 n 为奇数时取位次居中的变量值，当 n 为偶数时取位次居中的两个变量值的均数。它适用于各种分布类型的数据，尤其是偏态分布数据和一端或两端无确切数值的数据。其计算公式为：

$$n \text{ 为奇数：} M = X_{\left(\frac{n+1}{2}\right)}$$

$$n \text{ 为偶数：} M = \frac{1}{2}\left(X_{\left(\frac{n}{2}\right)} + X_{\left(\frac{n}{2}+1\right)}\right) \tag{6-7}$$

（4）全距：也称极差，用 R 表示，是指总体各单位的两个极端标志值之差，即：

$$R = 最大标志值 - 最小标志值$$

因此，全距（R）可反映总体标志值的差异范围。

（5）方差（variance）与标准差（standard deviation）：总体方差用 σ^2 表示，计算公式如下：

$$\sigma^2 = \frac{\sum(X-\mu)^2}{N} \tag{6-8}$$

样本方差用 S^2 表示,计算公式如下:

$$S^2 = \frac{\sum(X-\overline{X})^2}{n-1} \tag{6-9}$$

式中,μ 为总体均数,$\overline{X}$ 是样本均数,N 为总体中的观察单位数,n 样本含量。总体标准差 σ 和样本标准差 S 分别为总体方差和样本方差的平方根。

(6)变异系数:变异系数(coefficient of variation)是标准差与均数之比,用百分数表示,计算公式为:

$$CV = \frac{S}{X} \times 100\% \tag{6-10}$$

它常用于比较均数相差悬殊的数据资料的变异程度或度量单位不同的几组资料的变异度。

2.计数数据的统计描述 在药物经济学评价中,大量资料都是按照事物的特征或者属性进行分类的,这类资料称为计数数据,也称分类数据或定性数据。常用的计数数据指标有构成比、率和相对比。

(1)构成比:构成比表示事物或现象内部各构成部分的比例,通常以 100 为比例基数,故常称百分比。常用的构成比指标有成本构成、患者性别构成、病例构成、年龄构成与治疗结果构成等,其计算公式为:

$$\text{百分比} = \frac{\text{事物内部某一构成部分的个体数}}{\text{事物各构成部分的总数}} \times 100\% \tag{6-11}$$

(2)率:又称频率指标,表示在一种条件下某种现象实际发生的例数与可能发生该现象的总例数的比,用来说明某种现象发生的频率,常用的指标有感染率、病死率与治愈率等,常用百分率、千分率、万分率或十万分率表示。以百分率为例,计算公式为:

$$\text{百分率} = \frac{\text{某种现象实际发生的例数}}{\text{可能发生某种现象的例数}} \times 100\% \tag{6-12}$$

(3)相对比:相对比是表示两有关指标之比,常用的相对比有出生性别比例(某年男性出生人数/同年女生出生数)、婴儿死亡率(某年婴儿死亡数/同年活产数)等,计算公式为:

$$\text{相对比} = \frac{A\,\text{指标}}{B\,\text{指标}} \times 100\% \tag{6-13}$$

【例 6-2】 卢莹璐等为了给临床胆道外科手术合理使用抗菌药物提供参考,评价了 3 种抗菌药物治疗急性结石性胆囊炎的经济学效果,该研究采用多中心前瞻性临床对照研究,将 493 例急性结石性胆囊炎患者随机分为 A 组 180 例(头孢哌酮舒巴坦钠组)、B 组 148 例(头孢呋辛组)、C 组 165 例(左氧氟沙星组),其对结果进行了统计学描述(见表 6-3 和表 6-4)。

表 6-3 3 组医疗成本比较(元,$\overline{X}\pm S$)

	A组	B组	C组
抗菌药物成本	2115.24±885.20	1646.72±981.65	1878.83±813.65
补液成本	4835.58±1432.56	4704.98±2264.83	4686.19±1511.10
手术成本	4520.30±1446.79	3940.187±1089.91	4199.44±1376.01
检验成本	1406.53±885.88	1594.26±789.15	1572.97±661.55

续表

	A组	B组	C组
床位成本	371.64±200.48	382.41±217.38	340.75±295.61
护理成本	211.90±164.88	207.58±131.33	222.94±204.98
处置治疗	1424.19±1245.16	1624.26±1039.54	2281.43±2068.30
其他成本	1378.92±481.50	1525.1478±485.38	1182.65±469.41
医疗总成本	17 845.81±7816.26	14 496.86±65 842.75	16 196.25±7656.49

表6-4 3组抗菌药物治疗临床效果的均衡性比较($\bar{x}±s$)

组别	例数/n	平均住院时间/d	痊愈/n	有效率/%
A组	180	8.85±6.210	172	95.56
B组	148	13.82±4.919	109	73.65
C组	165	10.99±5.319	139	84.24

（二）统计推断

1. 计量数据的统计推断 当收集的数据为计量数据时，两组之间比较，可采用 t 检验；若是多组间比较，则可用方差分析，如果总体检验有统计学意义，还需要进一步做两两比较。若有多个观察测量时点，应采用重复测量方差分析。

计量数据的分析要考虑资料是否满足正态性和方差齐性，若不满足，可改用秩和检验；当考虑某一治疗性措施与结果的关系时，可做相关性分析，如判定不同药量、不同疗程、不同年龄等因素与疗效间的关系。同样，在结果为计量指标的比较分析中可采用多因素分析方法，如多元线性回归，获得研究因素及其他因素对结果贡献的大小。本书仅介绍 t 检验和方差分析，其他方法请参考统计书籍。

（1） t 检验

1） t 检验的原理：假设两个样本均数来自同一总体，同一总体的两个样本均数不一定相同，但一般不应相差太大，称为"无效假设"，即总体概率 P 不会很大，在统计上无显著意义。如果两个样本均数相差很大，则表明这两个样本均数来自同一总体的概率 P 小，这两个样本均数的差别有显著意义，可否定无效假设。习惯上以 P 大于 5% 或小于 5% 作为无效假设成立概率大或概率小的判断标准。

$P \geqslant 0.05$ 时，不能否定无效假设，可认为差别无显著意义；

$P \leqslant 0.05$ 时，可以否定无效假设，可认为差别有显著意义。

2） t 检验的具体方法：成组比较的 t 检验法有：

方差齐性两正态总体均数比较的 t 检验，统计量样本值公式为：

$$t = \frac{\bar{x} - \bar{y}}{S\sqrt{\frac{1}{n_1} + \frac{1}{n_2}}} \tag{6-14}$$

无方差齐性两正态总体均数比较的 t 检验，检验统计量为：

$$t = \frac{\bar{x} - \bar{y}}{\sqrt{\frac{S_1^2}{n_1} + \frac{S_2^2}{n_2}}} \tag{6-15}$$

【例 6-3】　设甲乙两种降压药的降压值均服从正态分布，且方差不相等。今从临床分别获得甲乙两种药物治疗病例及其降压值的均数和标准差为：

$$n_1 = 16, \bar{x} = 2.85, S_1 = 1.66, n_2 = 12, \bar{y} = 1.78, S_2 = 0.43$$

比较两种药物的降压效果是否相同？

解：设甲乙两种药物的降压值 $x \sim n(\mu_1, \sigma_1^2)$ 与 $y \sim n(\mu_2, \sigma_2^2)$，且 $\sigma_1^2 \neq \sigma_2^2$，故用无方差齐性的两正态总体均数比较的 t 检验：$H_0: \mu_1 = \mu_2 \quad H_1: \mu_1 \neq \mu_2$

由数据得统计量样本值：$t = \dfrac{\bar{x} - \bar{y}}{\sqrt{\dfrac{S_1^2}{n_1} + \dfrac{S_2^2}{n_2}}} = 2.4700$

因为 $\mathrm{d}f = (n_1 + n_2 - 2)\left(\dfrac{1}{2} + \dfrac{S_1^2 S_2^2}{S_1^4 + S_2^4}\right)$

$\qquad = (16 + 12 - 2)\left(0.5 + \dfrac{1.66^2 \times 0.43^2}{1.66^4 + 0.43^4}\right) = 14.7368$

以 $t_{p/2}(\mathrm{d}f) = |t| = 2.47, \mathrm{d}f = 14$ 查 t 分布的双侧临界值表 $t_{0.05/2}(14) = 2.145$，$t_{0.02/2}(14) = 2.624$，$\mathrm{d}f = 15$ 时，$t_{0.05/2}(15) = 2.131$，$t_{0.02/2}(15) = 2.602$

因此，$0.02 < P < 0.05$，故按 $P < 0.05$，拒绝 H_0，即认为甲乙两种降压药的降压效果有显著性差异。

（2）方差分析：t 检验只限于对两组均数的比较，而方差分析（analysis of variance，AVONA）能用于两个或两个以上样本均数的比较，还可分析两个或多个研究因素的交互作用以及回归方程的线性假设检验等。应用方差分析的条件是：①各样本是相互独立的随机样本；②各样本都来自正态总体；③各个总体方差相等。方差分析的基本思想是根据试验设计的类型，将全部观测值总的离均差平方和及其自由度分解为两个或多个部分，除随机误差外，每个部分的变异可由某个因素的作用（或者某几个因素的交互作用）加以解释。通过比较不同变异来源的均方，借助 F 分布作出统计推断，从而推论各研究因素对试验结果有无影响。

【例 6-4】　某医生为了研究一种降血脂新药的临床疗效，按统一纳入标准选择 120 名高血脂患者，采用完全随机设计方法将患者分为 4 组进行双盲试验。6 周后测得低密度脂蛋白作为试验结果，见表 6-5，比较 4 个处理组患者的低密度脂蛋白含量总体均数有无差别？

表 6-5　4 个处理组低密度脂蛋白测量值（nmol/L）

分组	测量值										统计量			
---	---	---	---	---	---	---	---	---	---	---	χ	χ^2	$\sum x$	$\sum x^2$
安慰剂组	3.53	4.59	4.34	2.66	3.59	3.13	2.64	2.56	3.5	3.25				
	3.3	4.04	3.53	3.56	3.85	4.07	3.52	3.93	4.19	2.96	30	3.43	102.91	367.85
	1.37	3.93	2.33	2.98	4	3.55	2.96	4.3	4.16	2.59				
降血脂新药														
	2.42	3.36	4.32	2.34	2.68	2.95	1.56	3.11	1.81	1.77				
2.4g 组	1.98	2.63	2.86	2.93	2.17	2.72	2.65	2.22	2.9	2.97	30	2.72	81.46	233
	2.36	2.56	2.52	2.27	2.98	3.72	2.8	3.57	4.02	2.31				

续表

分组	测量值										统计量			
											χ	χ^2	$\sum x$	$\sum x^2$
4.8g组	2.86	2.28	2.39	2.28	2.48	2.28	3.21	1.23	2.32	2.68	30	2.7	80.94	225.54
	2.66	2.32	2.61	3.64	2.58	3.65	2.66	3.68	2.65	3.02				
	3.84	2.42	2.41	2.66	3.29	2.7	3.04	2.81	1.97	1.68				
7.2g组	0.89	1.06	1.08	1.27	1.63	1.89	1.19	2.17	2.28	1.72	30	1.97	58.99	132.13
	1.98	1.74	2.16	3.37	2.97	1.69	0.94	2.11	2.81	2.52				
	1.31	2.51	1.88	1.41	3.19	1.92	2.47	1.02	2.1	3.71				

本例资料是按完全随机设计方法获得的试验结果,可将总变异分解成组间变异和组内变异,并列方差分析表,见表6-6、表6-7。

表6-6 完全随机设计资料的方差分析表

变异来源	自由度	SS	MS	F	P
总变异	$N-1$	$\sum_{i=1}^{g}\sum_{j=1}^{n_i}X_{ij}^2-C$			
组间	$g-1$	$\sum_{i=1}^{g}\dfrac{(\sum_{j=1}^{n_i}X_{ij})^2}{n_i}-C$	$\dfrac{SS_{组间}}{v_{组间}}$	$\dfrac{MS_{组间}}{MS_{组内}}$	
组内	$N-g$	$SS_{总}-SS_{组间}$	$\dfrac{SS_{组内}}{v_{组内}}$		

表6-7 方差分析表

变异来源	自由度	SS	MS	F	P
总变异	119	82.1			
组间	3	32.15	10.72	24.93	<0.01
组内	116	49.94	0.43		

按 $v_1=3$、$v_2=116$,得 $F_{0.01,(3,116)}=3.98$,$24.93>F_{0.01,(3,116)}$,$P<0.01$,可知按 $\alpha=0.05$ 水准,拒绝 H_0,接受 H_1,认为四个处理组患者的低密度脂蛋白总体均数不全相等,即不同剂量药物对血脂中低密度脂蛋白降低有影响。

注意:方差分析的结果若拒绝 H_0,接受 H_1,不能说明各组总体均数两两间都有差别。如果要分析哪两组间有差别,要进行多个均数间的多重比较。

2. 计数数据的统计推断 当收集到的数据为计数数据时,如结局变量是痊愈、好转、无效、死亡、生存等计数数据,则评价指标一般用率、比等相对指标,而不用绝对数,如治愈多少人等。在两(多)组治疗结果资料指标的比较分析中,主要的指标包括治愈率、有效率、不良反应发生率、病死率、病残率等。组间比较,可采用 χ^2 检验或 Fisher 确切概率法;若选用等级指标,如痊愈、有效、好转、无变化,可以进行 Ridit 分析;如果考虑多种因素对结果的影响,可以采用多因素分析的方法,如 logistic 回归分析等,这样既可得到研究因素(药物)的净效应,也可弄清有关因素的影响大小和方向。本书仅介绍 χ^2 检验和 Ridit 分析,其他方法请参考统计学书籍。

(1)χ^2 检验:χ^2 检验(Chi-square test)是一种具有广泛用途的统计方法,可用于两个或多个率之间的比较。

【例 6-5】 为比较甲乙两种药物是否同样有效，对 80 名患者使用甲种药物，100 名患者使用乙种药物，治疗效果如表 6-8 所示，试判断两种药物是否同样有效。

表 6-8 甲乙两种药物的治疗效果

	有效	无效	合计
甲药	58	22	80
乙药	60	40	100
合计	118	62	180

解：本例为比较两种药物的有效率是否相等，故检验假设为：

H_0：$\pi_1 = \pi_2$，即两种药物有效率相等

H_1：$\pi_1 \neq \pi_2$，即两种药物有效率不等

$\alpha = 0.10$

因为 $a = 58$，$b = 22$，$c = 60$，$d = 40$，故按有关公式计算 χ^2 统计量样本值。

$$\chi^2 = \frac{n(|ad-bc|-0.5n)^2}{(a+b)(c+d)(a+c)(b+d)} = \frac{180(|58 \times 40 - 22 \times 60| - 0.5 \times 180)^2}{80 \times 100 \times 118 \times 62} = 2.54$$

以 $\chi^2_p(df) = \chi^2 = 2.54$，$df = 1$，查 χ^2 分布的上侧临界值表，得：$0.10 < P < 0.20$，故按 $P > 0.10$ 不拒绝 H_0，即可认为两种药物同样有效。

（2）Ridit 分析法：对于两组等级数据或顺序定性数据资料，χ^2 检验的结果只能表明两组总体相同或不同，但不能表明一组优于另一组，因为把 $2 \times K$ 表中的任意两列或两行交换后 χ^2 值及 P 值都没有发生变化，等级数据统计方法有很多，但这里只介绍比较常用的 Ridit 分析方法。

【例 6-6】 某医院采用复方江剪刀草合剂与胆麻片治疗老年慢性支气管炎，复方江剪刀草合剂组共治疗 333 例，胆麻片组治疗 282 例（其治疗效果与 Ridit 值的计算如表 6-9）。

表 6-9 复方江剪刀草合剂与胆麻片治疗老年慢性支气管炎效果及 Ridit 计算表

疗效 (1)	江剪刀草 (2)	胆麻片 (3)	合计 (4)	(4)×1/2 (5)	(4)累积并移下一行(6)	(5)+(6)=(7) (7)	Ridit=(7)/n (8)
无效	76	27	103	51.5		51.5	0.0837
进步	187	153	340	170.0	103	273.0	0.4439
显效	67	63	130	65.0	443	508.0	0.8260
痊愈	3	39	42	21.0	573	594.0	0.9658
合计	333	282	615				0.9658

此例是等级数据，可用 Ridit 值的 u 检验来反映两组疗效的高低。

1）建立无效假设 H_0：这两种治疗方法疗效一样。

2）计算合适的统计量，根据题意可进行 Ridit 值的 u 检验，Ridit 值的 u 检验公式为：

$$u = \frac{|\overline{R}_1 - \overline{R}_2|}{\sqrt{\dfrac{(n_1 + n_2)}{(n_1 \times n_2 \times n_3)}}} \tag{6-16}$$

式中 R_1 和 R_2 分别代表复方江剪刀草合剂与胆麻片的 Ridit 值，n_1 和 n_2 分别代表复方江剪刀草合剂与胆麻片的例数。

表 6-9 中已经计算出 $\overline{R}_{江}$ =0.4433、$\overline{R}_{胆}$ =0.5670，代入式（6-16）中可算得 u=5.29。

3）确定统计意义水平与检验用的临界值，查表得 $u_{0.05}$=1.96，$u_{0.01}$=2.58。

4）统计判断，本例 u 值为 5.29，大于 0.01，因而 P 值小于 0.01，拒绝假设。故可认为两种治疗方法的 Ridit 值差别有高度显著性，两种方法疗效不同。由 Ridit 值可见胆麻片组高，故其疗效也较好（注意此例中的疗效是从无效、进步、显效到痊愈排列的，Ridit 值高者则疗效好，否则相反）。

二、药物经济学成本 - 收益分析

药物经济评价常用的方法有最小成本分析（cost minimization analysis，CMA）、成本 - 效果分析（cost-effectiveness analysis，CEA）、成本 - 效用分析（cost-utility analysis，CUA）和成本 - 效益分析（cost-benefit analysis，CBA）。研究者应当根据研究中干预措施的特点、数据的可获得性以及评价的目的与要求选择适当的评价方法。最小成本分析是指当有证据显示药物治疗的干预组与对照组的重要产出（如疗效和安全性）没有差别时，来比较不同干预措施的成本，选择成本最小的措施优先考虑；成本 - 效果分析一般适用于具有相同临床产出指标方案之间的比较，其测量单位一般为物理或自然单位。当疾病较为单纯，治疗方案的产出只体现在或主要体现在某一个临床产出指标时，成本 - 效果分析较为适用。当疾病治疗效果可以有多个指标来反映时，应采用对疾病治疗或者对患者最为重要的效果指标，也可以多个效果指标分别进行成本 - 效果分析；成本 - 效用分析方法适用于临床产出指标不同的各种不同治疗药物之间的比较。具体方法的介绍详见本教材第四章。

三、模 型 分 析

在药物经济学评价中，越来越多的模型被使用，如决策树模型、马尔可夫模型（Markov model）、代理模拟（agent-based simulations）等。本章介绍部分相对普遍和重要的模型和方法，即决策树模型和马尔可夫模型。

知识链接

TreeAge Pro 系列软件是由美国 TreeAge 软件公司开发的可视化建模工具，是一款非常优秀的决策分析软件。在医药卫生领域，医疗方案评价、药物经济学评价或者投资分析等活动中往往需要在多个备选方案之间进行权衡取舍，而具体的权衡标准或者决策方法有很多种，例如决策树、马尔可夫模型等，而 TreeAge pro 就是帮助我们具体构建和实现各种决策方法的工具。除了医药领域以外，TreeAge pro 还在律师、游说团体、银行等多个领域有着广泛使用。

TreeAge Pro 提供免费试用版，可由此下载 www.treeage.com，试用期为 21 天。

（一）决策树模型

决策树（decision tree）模型是目前较成熟的决策分析模型之一，20世纪60年代这种方法被用于临床治疗分析。该方法是临床决策领域使用最早的模型之一，同时也是经济学评价中最常见的决策模型。在药物经济学评价中，该方法利用药物在不同治疗阶段的治疗效果和成本来构建决策树的各个分枝，进而获得药物的总体成本、效果信息。

1. 建模步骤　决策树模型的构建要基于总体研究人群，而且总体人数要足够多，以使任何决策分枝结果都能够用足够的终点人群来代表和反映。当明确了分析角度、备选方案、决策标准以及决策分析的时间范围等决策问题之后即可进行决策树分析。

以下给出决策树分析的主要步骤。

（1）建立决策树模型：决策树模型建立的首要工作是画决策树。决策树需要按从左到右的顺序画。先画出决策节点，再画出由决策节点引出的方案分枝，有几个备选方案就画几条方案分枝。方案分枝的端点是方案节点，由方案节点引出状态分枝，有几种自然状态就要画出几条状态分枝，并分别表示出每个状态下方案的预期效益值。

（2）估算出每种状态的发生概率和每种结果的损益值：概率和产出值是决策分析模型的两个基本组成部分。概率可以来自多个渠道，如文献、现存数据库，或利用原始数据收集或专家判断法获得。产出值（如效用）则可以从文献、对受试者的直接测量或专家判断中获得。

（3）计算每种方案的期望效益值：决策树的期望值通常通过折回（folding back）决策树分枝的方法来计算。折回的过程通常是从决策树的末梢（产出）开始，按照从右向左的顺序，把路径概率作为权重，与每个成本或效用相乘，然后将每个路径的所有加权产出进行求和，即可得到某种决策的期望值。

（4）根据各方案的期望效益值进行决策：选择的基本原则是，选择期望效益值最大的方案，放弃期望效益值最小的方案。

2. 决策树分析案例　Kenneth W. Evans 等对治疗偏头痛的两种药物治疗方式（口服舒马曲坦和口服咖啡因/麦角胺治疗）进行了药物经济学评价研究。该研究构建了决策树模型（如图6-1所示）。决策树模型由节点和分枝构成，节点与节点之间有分枝相连。节点可以分为3种：①决策节点（decision nodes），它是决策树的起点，通常用"□"表示。从它引起的分枝称为方案分枝，一般要求在分枝上写出具体方案。分枝的数目反映了决策者可以选择的方案数。②机会节点（chance nodes），表示该结点可能出现的各种随机事件。③决策终点（terminal nodes），通常用"◁"表示。它代表决策产出值的末端节点。在药物经济学评估中，结果节点通常用于表示期望寿命、成本或质量调整生命年。

与决策树模型密切相关的术语还有路径、概率和期望值。路径，表示独立事件通过树的路线序列；概率，是指特定事件发生在机会结点的可能性，从左往右，第一个概率指的是事件发生的可能性，随后的概率指的都是条件概率，即在该机会结点之前事件已经发生的情况下该事件的发生概率。沿着决策树路径，把各个分枝结点的概率相乘得到的便是联合概率。联合概率反映的是整个路径发生的可能性，比如路径A发生的可能性为：$0.558 \times 0.594 = 0.3310$。期望成本和效果的计算基于期望值的概念（见图6-1）。期望值是各路径联合概率和收益乘积的总和，本案例中的收益包括两个方面：成本和效用。决策树计算结果见表6-10。

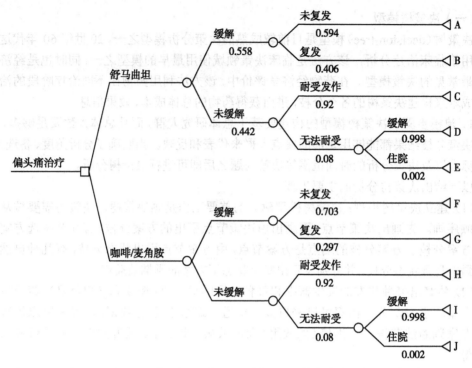

图 6-1　决策树

表 6-10　决策树计算结果（成本：$Can）

路径	概率	成本	期望成本	效用	期望效用
舒马曲坦					
A	0.331	16.1	5.34	1.00	0.33
B	0.227	32.2	7.29	0.90	0.20
C	0.407	16.1	6.55	−0.30	−0.12
D	0.305	79.26	2.77	0.10	0.0035
E	0.0001	1172.00	0.11	−0.30	−0.000 03
合计	1.0000		22.06		0.41
咖啡/麦角胺					
F	0.266	1.32	0.35	1.00	0.27
G	0.113	2.64	0.30	0.90	0.10
H	0.571	1.32	0.75	−0.30	−0.17
I	0.050	64.45	3.22	0.10	0.005
J	0.0001	1157.00	0.11	−0.30	0.000 03
合计	1.0000		1.73		0.20

3. 决策树的优点与局限

（1）优点：①决策树模型具有简单直观，易于掌握的特点；②决策树构成了一个简单的决策过程，此决策过程可以帮助决策者有顺序有步骤地进行决策；③决策树模型比较直观，使得决策者能沿着科学的推理步骤去周密地思考各个相关因素。

（2）局限：①决策树模型中的事件都被视为发生在瞬间的离散时间段。除非分析者在确定决策树的不同分枝时特意指明，否则就没有明确的时间界定。由于决策树中没有明确的时间变量，导致很难评价经济学研究中随时间变化的因素（如在考虑贴现时，需要处于各个状态的时间）。②当决策树模型应用于复杂的、长期的预测时（尤其用于慢性病时）会变得非常复杂。如当模拟早期乳腺癌妇女的预后时，决策树将表现为一系列的风险结果，这些风险是患者必须面对的，包括治疗的副作用、癌症的复发、症状减轻和死亡等。

（二）马尔可夫模型

马尔可夫模型由原俄国著名数学家马尔可夫（Andrey Markov）开发，最初被用来描述和预测煤气分子在一个密闭容器中的状态。20 世纪 90 年代后逐渐应用到决策分析和药物经济学评价中。在有些疾病和治疗方案中，疾病的状态是可以互相转化并可以进行循环变化的，尤其是慢性病。此时，如果单纯采用决策树模型分析将会使得决策树变得很大而难以判断，这将不利于进行决策树分析。此时，马尔可夫模型的优势便得以体现。

知识链接

安德烈·马尔可夫（Andrey Markov，1856—1922 年）1874 年入圣彼得堡大学，受 P.L. 切比雪夫思想影响很深。1878 年毕业，并以《用连分数求微分方程的积分》一文获金质奖章。两年后，取得硕士学位，并任圣彼得堡大学副教授。1884 年取得物理 - 数学博士学位，1886 年任该校教授。

马尔可夫是彼得堡数学学派的代表人物，以数论和概率论方面的工作著称，他的主要著作有《概率演算》等。马尔可夫最重要的工作是在 1906—1912 年间，提出并研究了一种能用数学分析方法研究自然过程的一般图式——马尔可夫链，同时开创了对一种无后效性的随机过程——马尔可夫过程的研究。马尔可夫经多次观察试验发现，一个系统的状态转换过程中第 n 次转换获得的状态常决定于前一次（第 n-1 次）试验的结果。马尔可夫进行深入研究后指出：对于一个系统，由一个状态转至另一个状态的转换过程中，存在着转移概率，并且这种转移概率可以依据其紧接的前一种状态推算出来，与该系统的原始状态和此次转移前的马尔可夫过程无关。目前，马尔可夫链理论与方法已经被广泛应用于自然科学、生命科学、工程技术和公用事业等诸多学科领域中。

---

1. **基本原理**　马尔可夫模型主要是用来研究系统的"状态"及状态"转移"的一种工具。人们在实际中常遇到具有下述特性的随机过程，即在目前已知的状态（现在）条件下，未来的演变（将来）不依赖于它以往的演变（过去）。这种在已知"现在"的条件下，"将来"与"过去"独立的特性称为马尔可夫性，具有这种性质的随机过程叫做马尔可夫过程。也就是说，在马尔可夫过程中，状态转移过程中第 n 次转移获得的状态只取决于前 1 次（第 n-1 次）转移的结果。马尔可夫模型的这种疾病状态间的转移概率仅取决于当前健康状态而不取决于过去的健康状态假设，也被称为马尔可夫假设（Markov assumption）或马尔可夫性（Markov property）。对于这样一个系统，存在着由一个状态转至另一个状态的转移概率，并且马尔可夫假设这种转移概率可以依据其相邻的前一种状态推算出来，而与该系统的原始状态和此

次转移前的过程无关。

马尔可夫模型通常代表的是时间发展的随机过程。在医疗决策分析中，它尤其适用于模拟慢性疾病的进展。此时，待研究的疾病被划分为不同的状态（马尔可夫状态），并根据各状态在一定时间内相互间的转移概率模拟疾病的发展过程，结合每个状态上的资源消耗和健康结果，通过多次循环运算，估计每个阶段疾病治疗的成本、效果以及获得的 QALY 的情况。

2. 构成要素　疾病或者疾病治疗的马尔可夫模型需要有以下几个要素。

（1）马尔可夫状态（Markov states）：马尔可夫模型假设患者总是处于有限的状态中的一个，这些状态即被称为马尔可夫状态。

（2）周期长度（cycle length）：患者从一个状态转移到下一个状态之间的时间。

（3）转换概率（transition probabilities）：患者被模拟从一个状态转移到另一个状态时所依据的概率。

图 6-2 显示了一个简化的马尔可夫模型，图中有健康、疾病和死亡三种马尔可夫状态。当某个事件发生的时候，患者的健康状态就发生了转换，例如患者可能从健康状态改变至疾病状态或者死亡，也可能继续维持健康状态；从疾病的状态可能自然转归到健康状态或者死亡状态，也可能继续维持疾病状态；死亡状态属于吸收态，不能转至自然状态或疾病状态，只能维持死亡状态。

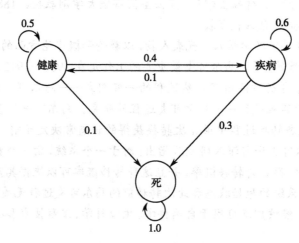

图 6-2　马尔可夫简化模型

3. 建模步骤

（1）设定马尔可夫状态，并确定可能的状态转移：健康状态可以分为三种：瞬时健康状态（transient），即患者在任何时候都有可能回到该状态；暂时状态（temporary），即患者只能在某一个时期中处于该状态；吸收状态（absorbing），即患者一旦进入这种状态就不能转换为其他健康状态，如死亡。

（2）选择合适的周期长度：周期长度的选择是指选择有代表临床意义的时间间隔。对于模拟患者整个生命历程并且发生的事件相对较少的模型来说，周期长度可以选择 1 年。而如果时间范围较短，事件发生的频率较大，那么选择的周期也应该较短，如选择月甚至星期。通常情形下，周期时间的选择应取决于概率数据的可获得性。假如只能得到每年的概率值,那么就不可能以月为单位来衡量周期长度。

(3)确定每个周期中各状态间的转移概率:通常结合相关临床研究及流行病学研究结果进行估计,一般从已发表的文献中获得,但有时报道的转移概率的时间单位与所用的周期长度不同,如已获得恶性肿瘤治疗中的5年生存率,这时不能简单将其除以5来估计每年的平均生存率。而应按公式 $P=(P_i)$ 换算,其中 P 为一个循环周期内的转移率,这样估计的假设条件是每一个循环的转移率保持恒定。而对于难以从文献中得到的转移概率,可以应用德尔菲法咨询相关领域的专家(通常需要7~15名专家)获得。

(4)对每个健康状态赋予成本和效用:根据各状态间的转换概率计算出每个循环周期内各状态的分布。首先,计算出每个循环周期内各状态的分布概率。假设共有 n 个状态,则研究对象在每个周期内存活的时间为 $\sum_{s=1}^{n} t_s = t_s$,t_s 为停留在非死亡状态 s 上的时间。在达到终点前,在所有循环周期上的存活时间之和即为研究对象的期望寿命。结合各状态的健康效应值 U_s 和费用 C_1,计算出每个循环周期内的质量调整生命年数 $QALY = \sum_{s=1}^{n} t_s \times u_s$ 和消耗的费用 $C = \sum_{s=1}^{n} t_s \times C_s$,其中费用和效果估计还应考虑贴现问题。

4．模拟方法　马尔可夫模型通常使用的模拟方法有两种,即队列模拟(cohort simulation)和蒙特卡罗模拟(Monte Carlo simulation)。

(1)队列模拟:队列模拟法是最常用的模拟方法之一。在队列模拟中,首先把一个假设的病人队列分配给各初始状态。在每次循环结束时,队列从初始的每个状态依据转换概率被重新分配为各状态。经过多次循环在各状态中就产生了新的队列分布。马尔可夫模型运行到所有初始队列都处于死亡状态为止。

模型中每个状态下的队列数量与相应效用的乘积之和被称为周期效用和(cycle sum)。把周期效用和相加得到一个动态的综合就是累计效用。模型一直运行到队列的所有患者都处于吸收状态(死亡状态)或者模型设计的时间范围为止。马尔可夫模型可同时对效用和成本进行模拟分析。当运用模型进行成本模拟时,可以对每个状态指定一个独立的增量成本,即此周期时间内花费在此状态的成本。然后将周期成本和相加得到的一个动态总和就是累计成本。累计效用和成本-效用被用于最终的成本-效果分析中。

(2)蒙特卡罗模拟:蒙特卡罗模拟是一种基于"随机数"的计算方法,其通过随机试验去求解所关注的问题。与队列模拟不同,在蒙特卡罗模拟中,每次模拟队列中的一个人,即一个时间只有一个患者发生状态转移。比如,以质量调整生命年为研究指标,则模型可以根据每个患者在死亡前经历的特定路径记录质量调整生命年。通过计算样本中所有患者的质量调整生命年的平均数就可以得到整个样本人群的质量调整生命年。如果样本量足够大,真实的均值将与队列模拟得出的均值非常接近。

队列模拟的优势在于模拟的速度较快,而它的主要劣势是它要求定义的每种状态要描述出其相关的所有临床信息(包括当前和已经过去的),这会导致极其复杂的模型结构(即使最有效的软件包对马尔可夫模型的规模也有限制)。相比之下,蒙特卡罗模拟可以针对模型中的每个个体把此患者的过去信息包含进来,这体现了蒙特卡罗模拟相对于队列模拟的重要优势,即蒙特卡罗模拟不必针对整个人群来扩展马尔可夫状态的数目。

5．应用实例　Saud Suleiman 等进行了不同方案预防大肠癌的经济学评价研究,该研究比较了阿司匹林和全结肠镜两种方案预防大肠癌的成本 - 效果分析，采用马尔可夫模型模拟了 10 万名 50 岁以上的人群一直到死亡的状态，共比较了四个干预方案。方案 1：未干预，即对模拟人群不采取任何干预措施；方案 2：间隔周期为 10 年的结肠镜筛查（见图 6-3）；方案 3：每天 325mg 阿司匹林（见图 6-4）；方案 4：方案 2 和方案 3 的联合应用。马尔可夫周期时间为 1 年。方案 2 中将模拟对象分成四种状态：①结肠镜检查阴性无息肉；②结肠镜检查阳性息肉切除者；③大肠癌；④死亡。方案 3 中将模拟人群分成三种状态：①阿司匹林预防后健康状态；②大肠癌；③死亡。该文从第三方支付角度进行评价，成本主要包括大肠癌的治疗成本、结肠镜检查成本、息肉切除成本、并发症治疗成本、阿司匹林成本等，数据源自于公开发布的数据和医疗保险数据库。效果指标选择因采用预防措施所挽救的生命年。成本与效果的贴现率都选用 3%。马尔可夫模型成本与转移率数据见表 6-11，马尔可夫模拟结果见表 6-12。

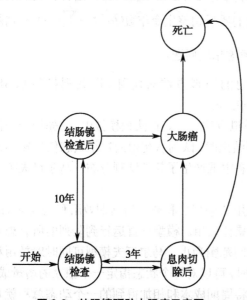

图 6-3　结肠镜预防大肠癌示意图　　　　　图 6-4　阿司匹林预防大肠癌示意图

表 6-11　马尔可夫模型成本与转移率数据

变量	数值
大肠癌预防效力	
结肠镜检查阴性随访时间间隔	10 年
息肉切除后结肠镜随访间隔	3 年
结肠镜预防大肠癌效力	75%
阿司匹林预防大肠癌效力	50%
（大肠癌＋阿司匹林）预防大肠癌效力	87.50%
转移概率	
腺瘤发病率	1.00%
结肠镜检查出血率	0.15%
息肉切除出血率	2.00%

变量	数值
结肠镜检穿孔率	0.20%
息肉切除穿孔率	0.38%
乙状结肠镜检穿孔率	0.01%
大肠癌死亡率	40%
贴现率	3%
成本	
年阿司匹林预防	$18
年阿司匹林＋副作用治疗	$172
结肠镜	$696
息肉切除	$1004
出血	$4360
穿孔	$13 000
大肠癌治疗	$45 228

表 6-12　马尔可夫模拟结果

变量	预防方案			
	未预防	结肠镜	阿司匹林	结肠镜＋阿司匹林
效果				
预防大肠癌例数（n）	0	4428	2952	5166
预防数／总数（%）	0	75	50	87.5
挽救生命年	0	7951	5301	9277
成本（$）				
结肠镜检查	0	189 667 598	0	189 667 598
大肠癌治疗	136 452 922	34 113 230	68 226 461	17 056 615
阿司匹林	0	0	318 694 349	318 694 349
合计	136 452 922	223 780 829	386 920 810	525 418 563
成本 - 效果				
成本 - 效果比		28 143	72 990	56 638
ICER（与未预防组比）	—	10 983	47 429	41 929
ICER（与结肠镜组比）				227 607
ICER（与阿司匹林组比）				34 836

6. 马尔可夫模型局限性　马尔可夫模型假设转移概率仅取决于当前健康状态而不取决于已经过去的健康状态，这是马尔可夫模型的一个主要局限。尽管研究者可以通过增加健康状态数目来尽量避免这个假设所带来的偏倚，但这种做法却会使马尔可夫链变得极长极复杂。状态的急速扩张可以用蒙特卡罗模拟来解决，即一次只进行一个患者的模拟。然而，当需要识别的健康状态过多时，就需要从连续不断的循环中得到大量的转移概率，这会导致数据的激增和计算的低效率。

另一个方法学的挑战在于对异质性的考虑。马尔可夫模型的假设是，处于某个健康状态的所有患者都是完全相同的，换句话说，此健康状态描述的是一个同质化（homogeneous）的人群，于是，处于此状态中的个体的任何差异都会导致某种程度的偏倚。在宫颈癌模型中的人乳头状瘤病毒（HPV）状态（异质性因素）是一个极为现实的例子，因为感染 HPV 的妇女比不感染 HPV 的妇女更容易患有子宫颈损害。现采用两个模型来评估 HPV 对期望寿命的影响。模型一仅采用一个健康状态来描述上述两个人群，而不考虑 HPV 的影响；而在模型二中，采用两个不同的健康状态分别描述感染 HPV 和未感染 HPV 的健康人群，直到疾病状态的转移概率的均值（经人数加权调整后）等于模型一中的疾病转移概率。然而，两个模型模拟的人群的期望寿命并不相同。实际上，当异质性问题被认为是很重要时就应该根据潜在的异质性因素来定义健康状态。如在宫颈癌模型中应该定义不同的健康状态来捕捉潜在的 HPV 状态。

四、不确定分析

在药物经济学评价中存在着一些不确定性因素，如研究方法、数据来源以及研究者等都会产生不确定性。不确定性的存在可能导致成本和收益数据的测算和计量产生误差，从而使得评价结果与实际情况产生偏差，甚至导致决策失误。为了避免因不确定性对分析结果的影响，使得结果更符合实际情况并具有参考性，必须对不确定性因素进行分析，即不确定性分析。不确定性分析是一系列经济分析手段的总称，比较常用的分析方法有盈亏平衡分析、敏感度分析和概率分析。其中盈亏平衡分析则通常被认为是敏感度分析的一个组成部分（具体分析方法及流程见第七章）。

（刘国祥　黄卫东）

 思考题

1. 药物经济学研究中数据收集方式有哪几种？
2. 观察性研究方式有哪几种？
3. 马尔可夫模型构成要素有哪些？
4. 决策树模型分析步骤是什么？

第七章 不确定性分析

 学习要求

掌握：不确定性因素的来源，药物经济学评价中不确定性产生的原因，单因素敏感性分析的应用方法与步骤。

熟悉：药物经济学评价中不确定性分析的主要方法，多因素敏感性分析方法与步骤，敏感性分析的局限性，蒙特卡洛模拟方法在敏感性分析中的应用，损益平衡分析法的应用方法与步骤，概率分析的定义和作用。

了解：常用概率分析方法和步骤，使用 Bootstrap 法估计成本-效果比的置信区间。

不确定性分析（uncertainty analysis）是指对决策方案受到各种事前无法控制的外部因素变化与影响所进行的研究和估计。不确定性分析是药物经济学评价分析过程中必不可少的重要过程，通过该分析可以尽量厘清和减少各种不确定性因素对药物经济学评价中成本和收益的影响，从而增强药物经济学评价结果的可靠性和稳定性，使药物经济学评价的结论与药物的临床实际应用状况尽可能一致。因此，不确定性分析是药物经济学评价的重要组成内容。本章介绍了经济学评价中不确定性、不确定性因素等概念，阐述不确定性分析在药物经济学评价中的重要意义，详细介绍敏感性分析、损益平衡分析和概率分析三种药物经济学评价中常用的不确定性分析方法，并通过实际案例重点阐述三种分析方法的主要步骤、局限性与常用的分析工具等内容。

第一节 药物经济学评价中的不确定性

一、不确定性与不确定因素

（一）不确定性

在人类的生产和生活中，处处充满了不确定性。一般而言，不确定性（uncertainty）是指事先不能准确知道某个事件或某种决策的结果。而在经济学中，不确定性是指对于未来的收益和损失等经济指标不能确知。在对项目进行经济性评价的过程中，投资的预测值与实际发生值可能不完全一致，甚至可能完全不一致。在一般情况下，诸如产量、价格、成本、收入、支出等参数都是随机变量，它们与将来实际发生的情况，可能有相当大的出入，这就产生了不确定性。因此，为了分析不确定性对预期利益产生的影响，决策者应对投资项目进行不确定性分析。在药物经济学评价过程中，同样存在各种不确定性，比如受到国家政策或者生产企业因素的影响，药品的价格可能发生改变等等。因此，在药物经济学评价时，必须进行不确定性分析。

（二）不确定性因素

不确定性因素是指事先无法控制并且会对评价结果产生影响的各种因素。不确定性因素通常为存在于自然界中各种不可抗拒的因素，包括社会因素、政治因素、经济因素和自然的发展变化等因素。药物经济学评价中的不确定性因素通常分为两类：一是因研究所获取的数据引起的不确定性，数据中的不确定性通常是由抽样误差造成的，也就是说基于样本人群的估计与样本大小及代表性的不确定水平相关；二是与药物经济学研究和评价方法有关的不确定性。即评价结果仅在一定的条件和范围内具有可信性，随着其外推的范围不断扩大，可信度也将随之下降，比如因缺乏足够的循证依据，从一个临床结果（如血压或血脂的降低）推导出一个健康产出的测量结果（如心脏病发病率的降低）；因结果普遍性不足导致的不确定性，即从一个研究背景到另一个研究背景和病人群体，由于研究背景发生了变化，如医疗卫生体制、医疗保障制度等因素的改变引起结果的不确定性。另外如直接将临床试验的结果外推为常规临床治疗的结果也会产生不确定性。

（三）药物经济学评价中不确定性因素的来源

总的来说，药物经济学研究与评价过程中的不确定性因素的来源主要有三个方面：即参数、模型结构和分析方法学（表7-1）。

表7-1　决策分析模型中不确定性因素的来源

不确定性的类型	定义及举例
参数的不确定性	模型输入参数的不确定性，比如疾病严重程度的等级
模型结构的不确定性	模型综合性参数的不确定性，比如马尔可夫模型中健康状况的状态
分析方法学的不确定性	分析者和评价者对分析方法学的分歧所引起的不确定性，比较使用不同研究方法的研究结果引起的不确定性，比如贴现率不同引起的不确定性

1. 参数的不确定性　在药物经济学决策分析模型中（比如决策树和马尔可夫模型），需要进行参数的设定，参数的不确定性是指输入参数的不确定性，包括病人疾病的严重程度或治疗方案的效果，比如由于研究所选择的病人群体特征的不同导致的成本和效果的差异，即病人的年龄、性别、种族和疾病的严重程度等由病人的异质性所导致研究结果的不确定性。

2. 模型结构的不确定性　分析模型的不确定性主要由药物经济学评价模型结构引起，比如在马尔可夫模型中健康状态数量选择的不同引起评价结果的不确定性。模型研究能够克服基础数据不易获得、研究时限过长等药物经济学评价过程中必然要遇到的问题。比如，马尔可夫模型和蒙特卡洛模拟模型以决策理论为依据，依靠流行病学的数学决策模型对于未来疾病变化及其成本和药物治疗效果的发展趋势做出准确预测。但是任何模型都会因假设偏倚的缺点导致预测结果的可信度和准确性受到影响。

3. 分析方法学的不确定性　分析方法学的不确定性主要包括两个方面，即：

（1）由药物经济学评价研究设计类型引起的不确定性：药物经济学评价中常用的研究设计类型主要为前瞻性研究设计、回顾性研究和预测模型等。前瞻性研究设计可以避免数据收集过程中的不确定性，随机化分组可以控制选择病人时的不确定性，确保治疗与对照的可比性。由于建立了严格的患者入选和排除标准，前瞻性研究还具有较好的内部有效性，被称为临床试验的金标准，在药物经济学评价中为决策者提供了最为有效的直接证据以证明干预方案的经济性。但是,前瞻性研究的外推性较差,由于排除了混杂因素,较难证明药物在实际临床使用状况下研究结果也具备一定的可信性,由此导致研究结果外推产生的可信度下降。

(2)由不同研究者之间、研究者与决策者观点的不一致所引起的不确定性:药物经济学评价方法目前还存在一定的争议,如研究设计、研究角度、成本与治疗结果的测量与估价、贴现、统计分析、结果表述、是否在分析中纳入间接成本以及药物经济学模型的假设等等。不同的研究者采纳不同的观点,比如对成本和效益贴现率选择的不同,以及对研究时限的观点差异等,这些不确定因素均会影响评价结果的可比性。尤其是当研究涉及若干个国家时,这类不确定性因素显得尤为突出。此外,研究视角的不同也可以导致分析方法学不确定性的产生。采取不同的研究视角进行经济学评价研究,因研究目的的不同,研究者所搜集的成本和结果的数据也存在不同。比如有的研究采用全社会视角,成本计算中将包括直接成本、间接成本和隐性成本等全部成本,而以医疗保险公司为视角所进行的研究,将不纳入非医疗成本和隐性成本。同时,研究者在向决策者递交和解释药物经济学评价结果时存在大量的主观性。

二、处理不确定性因素的常用方法

不确定性因素的存在不仅导致了决策失误的可能,也降低了药物经济学评价研究结果的可信度。因此,研究者必须采取一定的措施减轻不确定性因素对评价结果的影响。

概括起来,在药物经济学评价中,处理不确定性因素的常用方法主要包括以下几种:

(一)从药物经济学研究设计控制不确定性因素

从药物经济学的研究设计上,有多种方法可以处理不确定性因素。如:前瞻性设计可以避免数据收集过程中的不确定性;随机化分组可以控制选择患者时的不确定性,确保各组之间的可比性。其次是围绕新药临床试验的Ⅲ期或Ⅳ期临床的平行研究。

(二)从分析方法上控制不确定性因素

从分析方法上控制不确定性因素,即进行不确定性分析,其主要方法包括以下几种:①敏感性分析,是目前经济性评估(包括药物经济学评价)中处理不确定性最常用的方法,也是药物经济学评价中不可缺少的一部分。敏感性分析又可以分为单因素敏感性分析法和多因素敏感性分析法。②损益平衡分析法,又称为阈度分析法。③极值分析法,也就是绝对测定法,又称最好/最坏(best/worst)的案例分析。④概率分析法,包括蒙特卡罗(Monte Carlo)模拟法和运用 Bootstrap 法估计置信区间法。⑤排序稳定性分析,即将置信区间与阈度分析结合起来的分析方法。

下文将详细阐述敏感性分析中的单因素敏感性分析法和多因素敏感性分析法在药物经济学评价中的应用,并对近年来在国内外药物经济学研究领域逐渐兴起的损益平衡分析法和概率分析法进行重点介绍。

第二节　敏感性分析

一、敏感性分析的定义及作用

(一)敏感性分析的定义

敏感性分析(sensitivity analysis),又称灵敏度分析,是指通过分析各个干预方案中的主要参数发生变化时对经济性效果评价指标的影响，从中识别敏感性因素，并以定量的形式确定其影响程度，以便提出控制其影响程度的策略供决策者参考的分析方法。

在药物经济学评价研究中，敏感性分析是不可或缺的组成部分，可以说没有敏感性分析的药物经济学评价结果是不完整的。在药物经济学评价研究中，敏感性分析往往给药物经济学分析结果设立一个范围，其目的是回答以下问题："假如……结果如何？"。例如："假如治疗所用药品的价格与预测值不同，分析结果会如何？"；"假如药物有效率是80%，而不是85%，分析结果会如何？"；"假如实际贴现率是6%，而不是5%，分析结果会如何？"。

（二）敏感性分析的作用

评价与药物治疗相关的干预方案的经济性，理论上需要对所有具有不确定性的影响因素进行敏感性分析。但是由于不同的不确定性因素对干预方案的经济性效果的影响程度并不相同，因此在实践中通常仅对不确定性较大或可能对干预方案的经济效果产生较大影响的因素进行不确定性分析。

敏感性分析的核心作用在于：从各种不确定性因素中识别出敏感性因素，提醒决策者注意敏感性因素的变动对研究结果的影响，尽可能做到事先加以防范，采取有针对性的措施加以控制。所谓敏感因素，是指数值变动能显著影响方案经济效果的因素。在相同的变动幅度下，有的因素变动对经济性结果的影响程度很大，有的因素变动对经济性结果的影响程度却较小。影响程度大的，表明经济性结果对此类因素的变化反应敏感，此类因素被称为敏感性因素；与此相反，影响程度小的，表明经济性结果对此类因素的变化不敏感，此类因素被称为非敏感性因素。因此，通过敏感性分析，研究者和决策者可以获知哪些因素对经济评价结果会产生较大影响，提醒人们重视敏感性因素的变化情况，尽可能加以事先防范，以尽量减少不利因素的可能影响，降低决策失误的风险。敏感性分析可以帮助研究者和决策者明晰以下问题：确定各个变量对某药物治疗方案经济性的影响程度；如果变量的变化导致对某方案的选择发生改变，敏感性分析能够确定变量变化的临界值，必要时选择其他方案；如果敏感性分析的结果发现某个方案的不确定性很大，可对其进行有价值的追加研究。此外，如果药物经济学评价的结论并不因敏感因素的变动而发生实质性变化（由经济变为不经济），则表明该研究结果具有较好的稳定性。

二、敏感性分析的步骤

在药物经济学评价中，敏感性分析通常在确定性分析完成之后进行。确定性分析是与不确定性分析相对应的评价方法，即在各项因素不发生变动的情况下的经济学评价。具体而言，敏感性分析的主要步骤如下：

（一）选定需要分析的不确定因素，设定这些因素的变动范围

影响药物经济性评价结果的不确定性因素很多，没有必要也不可能做到对所有的因素分别进行敏感性分析，研究者需要选定主要的不确定因素进行分析。选定不确定因素应遵循的原则包括：

1. 选择的因素必须与所评价的经济性指标密切相关　在药物经济学评价中，所选择的不确定性因素预计在其可能变动的范围内将较为强烈地影响方案的经济效果（成本-收益比指标）。

2. 根据所评价的干预方案的具体情况进行选择　在确定性经济学评价中对所采用数

据的准确性把握不大的,通常被选为不确定性因素。一般来说,通常从以下几个方面选定:成本(包括药品价格、治疗费用、床日费用、平均住院日、总住院费用、治疗成本和成本中的医疗设备固定资产的折旧率等)、效用(如生命质量调整年)、效果及效果的判断标准(如治愈率、好转率或生存率)、贴现率、概率值等。

设定参数的变动区间需要根据真实可靠的资料,比如有些不确定性因素的变动区间可以根据权威的统计年鉴或政府部门公开的报告确定,如我国糖尿病的患病率一般在 9%;但是有些不确定性因素的变动区间则需要根据研究经验确定,也可以放大变动区间,以保证变动的情况不超出设定区间,比如,可将某疾病的治愈率设定为 0%～100%。

(二)确定敏感性分析指标

药物经济效果评价研究中的指标均可以成为敏感性分析的指标。一般而言,敏感性分析的指标应与已经进行过的确定性分析中的收益评价指标一致。确定性分析采用哪种方法与指标,敏感性分析就以哪些指标为分析指标,一般不应超出所选用的指标范围而另立指标。这是因为敏感性分析是建立在确定性分析的基础之上进行,只有指标一致才能进一步进行对比,以分析不确定性因素对经济性效果的影响。当一个方法中的指标不少于两个时,敏感性分析可以围绕其中最重要的一个或部分指标进行。

(三)计算不确定因素变动对经济评价指标的影响

首先,对某一个或多个特定因素(变量)设定变动数量或幅度(如分别增加 10%、20% 或减少 10%、20% 等),其他因素(变量)固定不变,随之计算分析这些因素的变动导致经济性效果指标的变动结果。其次,对每一因素(变量)的每一次变动,均应重复以上计算的步骤。最后,将因素(变量)变动及相应指标变动结果绘图或列表,以便于测定敏感因素。

(四)识别敏感性因素

识别某特定因素敏感与否有两种方式:一是相对测定法,指定要分析的因素均从其基本数值开始变动,且各因素每次变动的百分数(或幅度)相同,计算每次变动对经济性效果评价指标的影响程度,据此对各因素的敏感性程度进行排序。二是绝对测定法,使某特定因素朝经济性评价指标不利的方向变动,并设该因素取其很有可能发生的"最坏"的值,然后计算劣化了的经济评价指标值,判断其是否使该干预方案依然经济。如果干预方案不再具有经济性,则表明该因素是影响该干预方案经济性的敏感性因素之一。

(五)结合确定性因素分析的结果综合评判敏感性因素的影响

通过上述计算步骤,研究者可以识别出影响干预方案经济性的敏感性因素,对备选干预方案的经济性风险因素做出定性和定量的判断,并根据敏感性因素对各个方案经济性效果影响的强弱程度,优先考虑采纳对主要敏感性因素变化不敏感的药物治疗方案,基于分析结果做出最优决策。

研究者可以通过计算敏感度系数测量敏感程度。敏感度系数是经济性效果指标值(如成本 - 效果比、成本 - 效益比或成本 - 效用比)的变动值与参数值(不确定性因素)的变动值之比。比如,以某药物治疗方案的药品费用为参数值,以该治疗方案的成本 - 效果比值为经济性效果指标值,已知药品费用增加 6%,成本 - 效果比增加 12%,则药品费用的敏感度系数为 12%÷6%＝2。敏感度系数的符号可以是正的也可以是负的,如果符号为负,说明经济性效果指标的变化与参数值变化方向相反,敏感度系数绝对值越大,则说明该不确定因素的变动对该药物治疗方案经济性效果的影响越大。

三、药物经济学评价中敏感性分析的常用方法

在药物经济学评价中,目前常用的敏感性分析方法主要包括以下两种:

(一)单因素敏感性分析法

单因素敏感性分析法(one-way sensitivity analysis)是最常用的一种敏感性分析方法。它是指在其他因素保持不变的情况下,对其中一个变量进行变动,观察干预方案的经济性结果是否跟着该变量的变动而改变。

在单因素敏感性分析法中,只选择一个变量发生变化,即每次只变动一个因素而其他因素保持不变。比如,假设效果指标上升 10%,则发现成本与效果的比值下降 20%。在实际的评价过程中,研究者将所需分析的各种不确定性因素在其可能变动区间内作相同幅度的变动,观察并记录每一个因素变动后对评价模型主要经济性效果指标的影响。在成本 - 效果分析和成本 - 效用分析中,研究者还需比较分析各参数变动幅度的大小,识别哪些不确定因素的变动更容易导致原有的研究结论被推翻。

【例 7-1】有两种乳腺癌治疗方案,A 方案:紫杉醇 + 甲氨蝶呤 + 氟尿嘧啶 + 环磷酰胺;B 方案:长春瑞滨 + 丝裂霉素。其治疗成本构成见表 7-2,治疗结果如表 7-3,成本 - 效果分析如表 7-4。

表 7-2　A 和 B 两种治疗方案的成本　　　　　　　　　　　　(单位:元)

治疗方案	治疗费用	床日费用	药品费用	总成本
A	312.00	336.00	23 092.94	23 740.94
B	504.00	336.00	20 960.02	21 800.02

表 7-3　A 和 B 两种治疗方案的效果

治疗方案	完全缓解	部分缓解	无变化	病情恶化	有效率(完全缓解 + 部分缓解)
A	27.2%	38.2%	20.7%	13.9%	65.4%
B	15.0%	30.0%	29.3%	25.7%	45.0%

表 7-4　A 和 B 两种治疗方案的成本 - 效果分析

治疗方案	总成本(C)	有效率($E\%$)	C/E	$\Delta C/\Delta E$
A	23 740.94	65.40	363.01	95.14
B	21 800.02	45.00	484.44	

由表 7-4 中数据可知,方案 A 的经济性优于方案 B,对方案 A 进行单因素敏感性分析如下:

由于两个方案的药品费用在总成本所占的比重较大,同时,有效率是成本 - 效果分析中至关重要的产出指标,因此,确定需要进行敏感性分析的因素为药品费用和有效率。设定变动幅度为 −30%、−20%、−10%、−5%、5%、10%、20% 和 30%,均在药品费用和有效率的可能变动区间之内,变动结果如表 7-5 和表 7-6。很显然,A 方案药品费用的变动方向与成本 - 效果比的变动方向一致,即药品费用越高,成本 - 效果比值越高,经济性越差,而有效率的变动方向与成本 - 效果比的变动方向恰好相反,即有效率越高,成本 - 效果比越低,经济性越好。

表7-5 A治疗方案药品费用的变动对成本-效果比的影响分析

变动幅度	药品费用的变动值	C/E	C/E的变动幅度
−30	16 165.06	257.08	−29.18
−20	18 474.35	292.39	−19.45
−10	20 783.65	327.70	−9.73
−5	21 938.29	345.36	−4.86
0	23 092.94	363.01	0
5	24 247.59	380.67	4.86
10	25 402.23	398.32	9.73
20	27 711.53	433.63	19.45
30	30 020.82	468.94	29.18

表7-6 A治疗方案有效率的变动对成本-效果比的影响分析

变动幅度	有效率的变动值	C/E	C/E的变动幅度
−30	45.78	518.59	42.86
−20	52.32	453.76	25.00
−10	58.86	403.35	11.11
−5	62.13	382.12	5.26
0	65.4	363.01	0
5	68.67	345.73	−4.76
10	71.94	330.01	−9.09
20	78.48	302.51	−16.67
30	85.02	279.24	−23.08

由表7-5可知,在B方案的药品费用和有效率保持不变的情况下,即使A方案的药品费用上升30%,此时,A方案对B方案的增量成本-效果比为434.74(小于B方案的C/E值484.44),意味着A方案依然对B方案具有经济性优势;由表7-6可知,在B方案的药品费用和有效率保持不变的情况下,A方案的有效率下降25%时,A方案对B方案的增量成本-效果比为265.15(小于B方案的C/E值484.44),此时,A方案对B方案仍然具有经济性优势。但是,当A方案的有效率下降30%时,A方案对B方案的增量成本-效果比为2488.36,已经超过了B方案的成本-效果比,此时,在没有阈值的情况下无法判定A方案和B方案哪个更具经济性优势。因此,研究者可以得出,在比较A和B两个方案的经济性研究中,A方案对药品费用和有效率的敏感程度均较低,相对而言对有效率的敏感性程度要高于药品费用,即有效率对最终结果的影响要高于药品费用。

单因素敏感性分析法在计算特定不确定因素对药物治疗方案经济性影响时,须假定其他因素不变,实际上这种假定很难成立。可能会有两个或两个以上的不确定因素在同时变动,此时单因素敏感性分析法就很难准确反映治疗方案的经济性受多种因素影响的状况,因此必须使用多因素敏感性分析法。

(二)多因素敏感性分析法

多因素敏感性分析法(multi-way sensitivity analysis)是指在假定其他不确定性因素不变的条件下,计算分析两种或两种以上不确定性因素同时发生变动,对备选方案经济效果的影响程度,确定敏感性因素及其极限值。多因素敏感性分析法一般是在单因素敏感性分析法的分析基础上进行的,且分析的基本原理与单因素敏感性分析法大体相同,但需要注意的是,多因素敏感性分析法须进一步假定同时变动的几个因素都是相互独立的,且各因素发生变化的概率相同。

【例 7-2】 在英国实施的某项卫生干预措施的经济性评价研究中,采用了成本 - 效果分析的方法,研究者以干预措施的实施总成本和卫生干预措施的效果指标为不确定性因素进行双因素敏感性分析,结果如表 7-7 所示:

表 7-7　英国某卫生干预措施的双因素敏感性分析结果

		卫生干预措施总成本的变动							
		£0	£90	£180	£270	£360	£450	£540	£630
干预措施效果的变动	0%	cost-saving	£4196	£6713	£10 742	£17 186	£27 498	£43 997	£70 394
	5%	cost-saving	£3780	£6048	£9677	£15 483	£24 773	£39 636	£63 418
	10%	cost-saving	£3402	£5443	£8709	£13 935	£22 296	£35 672	£57 076
	15%	cost-saving	£3062	£4899	£7838	£12 542	£20 066	£32 106	£51 368
	20%	cost-saving	£2756	£4409	£7054	£11 287	£18 059	£28 895	£46 231
	25%	cost-saving	£2480	£3968	£6349	£10 158	£16 253	£26 006	£41 609
	30%	cost-saving	£2232	£3571	£5714	£9142	£14 628	£23 405	£37 447
	35%	cost-saving	£2009	£3214	£5143	£8228	£13 165	£21 065	£33 703
	40%	cost-saving	£1808	£2893	£4629	£7405	£11 849	£18 958	£30 333

注: cost-saving 是指具有绝对的经济性,即在干预措施的成本为零的情况下,无论干预效果怎么变动,该干预措施均具有经济性优势。

从表 7-7 可以看出,研究者同时对干预措施的总成本和干预措施的效果值进行单向变动,即对干预措施的效果值增加 5%~40%,对干预措施的总成本则以每次增加 90 英镑作为变动值,观察并记录两个参数每一次变动后成本 - 效果比值的数据。研究者和决策者可以根据成本 - 效果比值的外部判断性标准即阈值进行判断,即如果该成本 - 效果比值小于阈值,则该干预措施的实施对决策者来说具有经济性,应为决策者采纳实施;如果该成本 - 效果比值大于阈值,说明不具有经济性优势,不应该实施该干预措施。

四、敏感性分析的局限性

敏感性分析的局限性主要有两个方面:首先,敏感性分析过程中常常假设每次只有一个或几个不确定性因素进行变动,而其他因素保持不变。然而,现实情况是各种因素常常同时发生变动,而且各因素之间存在一定的关联性,常常产生交互作用。其次,研究者常常假定各个因素发生变动的可能性相等,实际上各个因素发生变动的概率不等,有的不确定性因素敏感度高,但是发生变动的概率较低,有的不确定性因素虽然敏感度较弱,但是发生概率较高。因此,需要采用概率分析技术建立模型,以分析不确定性因素之间的互相作用来解决上述两个问题。

第三节　损益平衡分析

除了第二节所述的经典研究方法外,还有研究者提出可在药物经济学评价的不确定性分析中采用损益平衡分析法(break-even analysis),又称阈度分析法(threshold analysis),是指某药物治疗方案的各种投入或产出参数发生变化，达到损益平衡点（break-even point）时每个参数的临界值，当参数高于或低于这个临界值时，就会推翻原来的研究结论。损益平衡点是干预方案是否具有经济性优势的分界点，它表示的是某一个干预方案投入与产出相当时的临界水平，或两个以上的备选干预方案在经济性相等时的临界水平。在最小成本分析中，临界值就是对照组的成本，当研究组的成本小于对照组时，研究组的经济性优于对照组；在成本-效益分析中，临界值是净现值为零时的成本和效益值；在成本-效果分析和成本-效用分析中，即两个或两个以上方案的成本-效果比或成本-效用比相等时各个投入和产出参数的取值。损益平衡分析法来源于公共技术经济学评价领域中的盈亏平衡分析，两者的基本原理一致，即假定各种不确定性因素的变化会影响干预方案的经济效果，当这些因素的变化达到某一临界值时，就会影响干预方案的取舍。因此，损益平衡分析的主要目的就是确定这一临界值，以判断干预方案对不确定性因素的承受能力，为科学地评价药物治疗干预方案的经济性提供依据。

【例 7-3】　甲、乙两个药物治疗方案的成本和有效率如表 7-8 所示，如果甲、乙两个方案的成本发生变动，试分析两个方案的成本的变动幅度为多少时，两个方案的成本-效果比相等。

表 7-8　两种药物治疗方案的成本和有效率比较

治疗方案	成本（C）	有效率（E %）	C/E	$\Delta C/\Delta E$
甲方案	18.90	84.00	0.225	—
乙方案	21.00	94.50	0.222 222	0.200

解：根据当前的参数数值，甲方案的经济性不如乙方案。采用损益平衡分析法，先在其他参数不变的情况下，如果降低甲方案的成本，将增加甲方案的经济性，使两个方案达到经济性相同的平衡点。即：

$$\frac{C_{甲} \cdot (1 \pm x\%)}{E_{甲}} = \frac{C_{乙}}{E_{乙}}$$

经过计算，得出 $X = -1.235$，即甲方案的成本只要下降 1.235%，甲乙两个方案的成本-效果比将完全相等，如继续下降，则推翻原来结论，甲方案的经济性将优于乙方案。同理，在其他参数不变的情况下，如果增加乙方案的成本，将降低乙方案的经济性，使两个方案达到损益平衡点。即：

$$\frac{C_{甲}}{E_{甲}} = \frac{C_{乙} \cdot (1 \pm y\%)}{E_{乙}}$$

经过计算，得出 $y = 1.25$，即乙方案的成本只要上升 1.25%，甲乙两个方案的成本-效果比将完全相等，如继续上升，则推翻原来结论，乙方案的经济性将不如甲方案。根据上述分析发现甲、乙两个方案的成本只需变动 1.2% 左右即可改变原来的研究结果，即在关键指标变动率不大的情况下，研究结论被完全改变。敏感性分析的结果认为该成本-效果分析的结论可信度较差。当然，研究者也可以通过变动甲、乙两个方案的有效率参数进行损益平衡分析，观察现有指标临界值的变动幅度，据此判断研究结论的可信度。

此外，损益平衡分析法也可以应用于考虑阈值情况下的成本-效果或成本-效用分析。比如，根据英国国家健康与临床优势研究所（National Institute for Health and Clinical Excellence, NICE）的推荐，在成本-效用分析中，每获得一个增量生命质量调整年（QALY），最高不得超过 20 000 英镑，否则该卫生干预措施就是不经济的。由此，假设某卫生干预措施的成本为 250 英镑时，获得一个增量 QALY 所需付出的成本为 20 000 英镑，因此，对该干预措施的经济性评价结果进行敏感性分析，干预措施的成本可以从基点 150 英镑向上变动，但是上限是 250 英镑，超过该临界值则该干预措施是不经济的，见图 7-1。

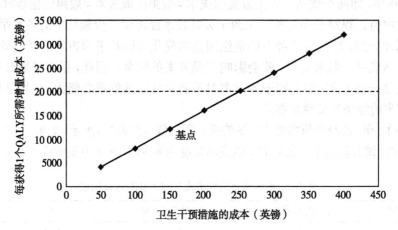

图 7-1　英国某卫生干预措施的经济性阈值分析图

第四节　概率分析

利用敏感性分析可以知道某因素变化对经济指标的影响程度，但无法了解这些因素发生这种变化的可能性有多大，而概率分析可以做到这一点。概率分析是近年来药物经济学评价研究中最常采用的不确定性分析方法之一。通常情况下，药物经济学评价的结果只是一个点估计。采用点估计的经济性效果值会给评价结果带来一定的风险，因为各种研究参数的变化其结果也会随着不确定性因素的变化而变化。因此，需要采用统计学和概率论中的置信区间来表示参数的变动范围，在全距范围内进行敏感性分析，根据置信区间的变动范围判断不确定性因素的敏感度，这就是概率分析法。当前研究者常常通过蒙特卡罗模拟（Monte Carlo）来验证某些不确定性因素在一定范围内变动时对研究结果的影响。

一、概　　述

（一）概率分析中的基本概念

在统计学中，一定的条件下一定会发生的现象为"必然事件"；一定不会发生的现象为"不可能事件"，可能发生也可能不发生的现象，被称为"随机事件"，任何一项随机事件的发生，表明存在着某种可能，"概率"就被用来描述出现这种情况的可能性大小。因此，一项随机事件的概率可定义为在一系列实验中，出现该事件的相对频率，通常用 P 表示，例如事件 A 的发生概率可记作 $P(A)$。由此可知，概率的确定方法是通过进行大量的重复试验，用这个事件发生的频率近似地作为它的概率。

（二）概率的分类

在实际应用中，概率一般可分为"客观概率"和"主观概率"两种。

事件出现的概率可用上述大量重复实验的方式计算获得，称为"客观概率"，包括进行实验或查阅已有文献获得数据；"主观概率"是根据个人的经验和知识积累，对某一事件出现的可能性的主观判断。在药物经济学评价中，由于药物流行病学的资料限制，要获取完整的临床治疗结果概率和不良反应出现概率等的数值是非常不易的，所以也可以采用专家意见法（或称德尔斐法）来获得概率值的估计，这些估算的概率就是"主观概率"。

知识链接

概率运算法则

1. 某一事件发生的概率不能小于0或大于1，即 $0 \leq P(A) \leq 1$。其中必然事件发生概率为1，不可能事件的概率为0，随机事件的概率大于0小于1。

2. 如果可能发生的事件是互相排斥的，那么所有可能事件的概率之和等于1，即 $P(A) + P(B) + \cdots = 1$。互相排斥是指事件无法同时发生。

3. 如果一个结果包含两个或两个以上的互相排斥的事件，这种结果出现的概率是所有事件概率之和，即 $P(A+B+\cdots) = P(A) + P(B) + \cdots$。

4. 如果两个事件不是互相排斥的，那么 $P(A 或 B) = P(A) + P(B) - P(A 与 B)$；如果两事件是互相排斥的，那么 $P(A 与 B) = 0$。

5. 概率乘法法则：$P(A 与 B) = P(A|B) \cdot P(B)$，其中 $P(A|B)$ 是条件概率，表示在发生B的前提条件下又发生A的概率。

（三）概率分析的定义与作用

所谓概率分析，是借助现代计算机技术，运用概率论和数理统计理论，根据不确定性因素在一定范围内的随机变动情况，对不确定性因素的概率分布进行定量计算的一种分析方法。

在实际评价中，通常综合运用概率分析和敏感性分析，通过敏感性分析，可识别敏感性因素，而通过概率分析，可进一步确定敏感性因素发生的概率，如果这种因素对评价结果产生影响的概率非常小（$P<0.05$），则可以不予考虑，如果发生概率比较大（$P>0.05$），则需要对这种因素进行进一步的研究。由此可见，综合运用概率分析和敏感性分析可以使评价结果更加可信。

二、概率分析的方法与步骤

概率分析的常用方法主要有三种，传统的有数学期望值法和效用函数法，新兴的有计算机模拟方法。目前，随着计算机应用技术的开发和推广，蒙特卡罗模拟和Bootstrap法等计算机模拟方法逐渐体现出了其优势，应用也越来越广泛。

（一）数学期望值法

随机变量取值的加权平均值称为数学期望值，该值实际上是随机变量最可能的取值，数学期望值法主要用于成本 - 效益分析，成本 - 效果分析和成本 - 效用分析当中也可使用此法。在成本 - 效果分析和成本 - 效用分析计算期望值时，不是计算现金流量的净现值，而是计算总的生命期望值、延长的生命年数期望值、治愈率期望值等；在效用的评价中，可以通过评分法或数值估计法来得出效用得分及概率，然后经过贴现得到期望值。该方法的基本步骤如下：

　　1. 确定一个最敏感的因素或选择一个最有可能变化的敏感因素作为分析对象。

　　2. 估算不确定性因素在有效范围内未来可能的状态，确定各状态发生的概率，即不确定性因素发生变动的概率，并列出概率分布表。

　　3. 根据概率分布表计算期望值 E，即计算项目净现值的期望值及其大于或等于 0 时的累积概率。

　　4. 计算标准差 σ，计算 Z 值，通过正态分布表查得对应的概率，判断风险大小。

　　5. 根据选定因素的数学期望值及标准差，重新计算方案的经济性评价结果以及与原结果的偏差程度。

　　6. 按以上方法和步骤依次对其余不确定因素进行概率分析，并重新计算经济结果。

　　7. 对以上概率敏感性分析结果做出综合评价。

　　【例 7-4】　假设在对某医疗产品进行经济学评价后，经过前期的敏感性分析，发现该产品价格的变动对评价结果影响最大。已知该产品的平均价格变化情况和概率分布见表 7-9，试对该产品进行概率分析。

表 7-9　平均价格变动情况和概率分布　　　　　　　　　（单位：元 / 台）

平均价格	460	480	510	550	580
概率	0.2	0.3	0.3	0.1	0.1

　　解：根据题意，首先计算该产品价格的数据期望值 E 和标准差 σ：

$E= x_1p_1+ x_2p_2+ x_3p_3+ x_4p_4 +x_5p_5$

$\quad =460 \times 0.2+480 \times 0.3+510 \times 0.3+550 \times 0.1+580 \times 0.1=502（元 / 台）$

$\sigma = \pm [p_1(x_1-E)^2+ p_2(x_2-E)^2+ p_3(x_3-E)^2+ p_4(x_4-E)^2+ p_5(x_5-E)^2]^{1/2}$

$\quad = \pm [0.2 \times (460-502)^2+ 0.3 \times (480-502)^2+ 0.3 \times (510-502)^2+ 0.1 \times (550-502)^2+ 0.1(580-502)^2]^{1/2}=37（元）$

　　即，当前情况下，该产品最可能的价格是（502±37）元 / 台；照此重新进行经济性评价，判断所得结果与原结果之间的差别大小并得出敏感性分析结论。

（二）蒙特卡罗模拟法

　　概率分析大多建立在蒙特卡罗（Monte Carlo）模拟模型的基础上，在药物经济学评价的敏感性分析和决策分析中，蒙特卡罗模拟用于计算由大量个体组成的假定队列的成本和效果。蒙特卡罗模拟也称为随机模拟、随机抽样技术或统计实验方法。它的基本思想是首先建立一个概率模型或者过程的观察或抽验试验来计算所求参数的统计特征，最后给出所求解的近似值，同时，解的精确度可用估计值的标准误差来表示。其原理是每次从样本参数的分布区间内随机抽取一组参数数据进行药物经济学评价，通过成千上万次的计算机模拟，获得一系列可能的结果，从而描述成本和结果的期望值分布状态，反映参数估计值的不确定性。该方法需要借助计算机软件来完成。

知识链接

蒙特卡罗模拟的起源及其基本思想

蒙特卡罗（Monte Carlo）模拟，也被称为计算机随机模拟方法，是20世纪40年代中期由于科学技术的发展和电子计算机的发明，而被提出的一种以概率统计理论为指导的一类非常重要的数值计算方法，它是基于"随机数"的计算方法，而与它相对应的则是确定性算法。

1777年，法国科学家Buffon提出用投针实验的方法求圆周率，这被认为是蒙特卡罗方法的起源。到了第二次世界大战期间，美国原子弹研制"曼哈顿计划"的主持人之一、数学家冯·诺伊曼用驰名世界的赌城——摩纳哥的首都Monte Carlo来命名它，蒙特卡罗模拟这一称呼正式出现并流传。1930年，Enrico Fermi利用Monte Carlo方法研究中子的扩散，并设计了一个Monte Carlo机械装置，Fermiac用于计算核反应堆的临界状态。

Monte Carlo模拟方法的基本思想是所求解问题是某随机事件A出现的概率（或者是某随机变量B的期望值）。通过某种"实验"的方法，得出A事件出现的频率，以此估计出A事件出现的概率（或者得到随机变量B的某些数字特征，得出B的期望值）。

蒙特卡罗模拟的过程大致可用以下几个步骤来进行描述：

1. 针对求解问题建立概率统计模型，使所求的解恰好是所建立模型的概率分布或数学期望，并根据所建立的概率统计模型特点和实际需要调整模型，减小方差，提高计算效率。

2. 建立对随机变量的抽样方法，其中包括建立产生伪随机数的方法和建立对所遇到的分布产生随机变量的随机抽样方法。

3. 给出获得所求解的统计估计值及方差或标准误差的方法。

在药物经济学决策分析中，蒙特卡罗模拟通过输入不同的参数数据，经过多次重复运算，相应获得许多增量成本和增量结果的数据，据此绘制增量成本-结果散点图，可直观地描述经济性评价结果的不确定性。此外，在通过蒙特卡罗模拟获得一系列数据之后，将预算限额作为横坐标，以模拟产生的结果具有经济性的概率为纵坐标，绘制成本-效果可接受曲线（cost-effectiveness acceptability curve，CEAC），据此工具可判断在不同的给定预算限额下方案经济性的概率，即不同预算情况下方案具有经济性的概率。近年来，在CEAC的基础上，研究界又出现另一种成本-效果可支付边界（cost-effectiveness acceptability frontier，CEAF）的概念，对CEAC的功能进行了扩充。

（三）Bootstrap法

在药物经济学评价实践中，成本数据和效果数据在不同个体间一般具有可变性，尤其是成本数据，通常都不是正态分布，而是呈现偏态的（例如当出现严重不良反应时）；当样本量增大时，其均数趋向正态分布，但药物经济学评价大多与临床试验平行展开，样本量往往有限，此时就不能使用传统的以数据呈正态分布为假设条件的统计分析技术。那么，数据常呈现偏态分布的药物经济学评价，应如何进行概率敏感性分析呢？

1970 年，Efron 教授开发了一种名为 Bootstrap 法的非参数估计法，并将其用于处理不对称数据，该方法自问世以来，已受到许多经济学家的推崇。该方法亦可用于药物经济学评价中成本结果置信区间的估算。当前，随着现代计算机技术的发展，SAS、Stata 和 S-plus 等统计软件都支持 Bootstrap 计算，使该法在实际应用中更加简便。与蒙特卡罗模拟相比，Bootsrap 法的优点是不受数据分布特征的限制，更适用于结果常呈偏态的药物经济学评价的敏感性分析。

知识链接

Bootstrap 的含义及其来源和 Efron Bradley 教授

Bootstrap 法（自助法，解靴带法）是由美国斯坦福大学 Efron Bradley 教授于 1979 年在 Annals of Statistics 发表的一个方法，它是近代统计发展上极重要的一个里程碑，在计量经济学检验中应用十分广泛，尤其在统计量的抽样分布无法得到的情况下，运用该方法研究检验统计量的检验势和水平显得尤为重要，而在执行上常需借助现代快速的电脑。Bootstrap 是 Efron Bradley 教授的成名绝技，他因此获得美国科学界最高荣誉"国家科学奖章"。20 世纪 70 年代，Efron Bradley 教授即把计算机引入统计学，相当具有远见卓识。

Bootstrap 是指靴带，来源于 19 世纪早期美国流行的短语："pull oneself up by one's bootstraps"。18 世纪 RE Raspe 的小说《巴龙历险记》（Adventures of Baron Munchausen）中，巴龙掉到湖里沉到湖底，在他绝望的时候他用自己靴子上的带子把自己拉了上来，现在的含义是指不借助别人的力量，凭借自己的努力，终于获得成功。在这里 bootstrap 法是指用原样本自身的数据抽样得出新的样本及统计量。我国统计学者也将其称为"自举法"或"自主法"，计算数学中也称为"足迹法"。

相关链接：http://cos.name/tag/efron/

Bootstrap 方法处理的是实际中可能发生需要大样本来求出的统计量。它可用于研究一组数据的某统计量的分布特征，以原始数据为基础进行模拟。Bootstrap 法对数据的分布不作任何要求，因而应用范围较为广泛。

Bootstrap 方法的原理是：令数据集 $X=\{x_1, x_2, \cdots, x_n\}$ 为一次数据采样，$x_i(i=1, 2, \cdots, n)$ 是独立同分布的随机变量，服从分布 F（不要求正态分布）。θ 为分布 F 的一个未知数字特征，例如 X 的均值、均方差等。根据经典数理统计理论，要获取 θ 的估计值的经验分布，就需要多次重复采样和大样本。在小样本条件下，应用 Bootstrap 方法对 X 进行模拟重复采样，就能够在某种意义上获取 θ 的经验分布，并确定其置信区间。

Bootstrap 过程的机制是：首先通过实际观测得到一个数据集，该数据集被称为原始数据集，它含有 n 个观察单位，从这个数据集中有返回地随机抽取 m 个组成一个新样本，称之为 Bootstrap 样本。在这个随机抽样中，原始数据集中的每个观察单位每次被抽到的概率相等，为 $1/n$，这些观察单位有的只被抽到 1 次，有的超过 1 次，也有的没有被抽到。根据取余数原理，将随机数字表中数字除以某一数值后的余数作为新的随机数，随机数可以重复出现，并具有均匀性和独立性。

在药物经济学评价中，使用 Bootstrap 法进行概率敏感性分析的步骤大致为：

1. 设定随机种子数（任意整数）。

2. 采用有返回抽样的方法从各样本中抽取与样本量相同的成本结果数据对，即由成本数据和效果数据组成的数据对，并计算成本和结果的均值。

3. 计算相互比较的方案间的成本均数差和结果均数差，以及增量成本结果比。

4. 重复上述过程 1000 次以上，记录每一次的成本均数差、结果均数差、增量成本 - 结果比，绘制成本 - 结果散点图和成本 - 结果可接受曲线，如成本 - 效果散点图和成本 - 效果可接受曲线。

在药物经济学评价中，利用 Bootstrap 法计算成本 - 效果比的可信区间时样本数 n 必须足够大，以保证样本对总体有一定的代表性，特别是有效率较小时。如果样本数 n 过小，往往不能正确反映总体的特性，因此，Bootstrap 法也可能得出错误的结论。

【例 7-5】 试用 Bootstrap 法解决药物经济学评价中可能遇到的下述问题。

（1）运用 Bootstrap 法扩大观察样本：在含有 150 个观察单位的原有样本中，抽出观察单位数为 250 的新样本。

（2）运用 Bootstrap 法进行概率敏感性分析，计算增量成本 - 效果比置信区间：假设研究者试图评价某新药治疗的经济性，分别招募一定数量的患者进入研究组和对照组（样本数均小于 100），研究组使用新药为治疗方案，对照组采用常规疗法。经 3 个月治疗，搜集药品费用、住院总费用、护理费、床位费用、治愈率、好转率等投入和产出指标的数据，如表 7-10 所示。现假设研究组平均总成本高于对照组，而成本 - 效果比小于对照组，则说明从点估计判断，研究组的经济性优于对照组。此时，试用 Bootstrap 法进行区间估计，判断原结论是否依然可信。

表 7-10　研究组与对照组点估计评价结果

	研究组 T	对照组 S
病人数 N	N_T	N_S
平均总成本 C	C_T	C_S
有效率 E	E_T	E_S
成本 - 效果比 CER	C_T/E_T	C_S/E_S
增量成本 - 效果比 $ICER$	$(C_T-C_S)/(E_T-E_S)$	

解：

（1）运用 Bootstrap 法扩大样本，程序步骤如下：

第一步：产生随机整数 1～150 中的一个；

第二步：以所产生的该随机整数作为原 150 个观察单位的样本序号，从而作为 Bootstrap 样本中的新成员；

第三步：重复上面第一、二步，直至 Bootstrap 样本中的样本数达到 250 个。

对于每次产生的 Bootstrap 样本，计算其相应的指标数值（如平均值、中位数等）；重复产生 k 个 Bootstrap 样本（用计算机实现，一般产生 1000 个，至少 250 个），从而得到 k 个指标数值；在这 k 个指标数值所组成的数据集中，用 2.5% 和 97.5% 百分位数来估计相应指标数值 95% 的可信区间。百分位数的计算公式为：

$$百分位数 = min + \frac{max - min}{100} \times i$$

min 为最小值，max 为最大值，i 为相应的百分位值，如：

$$百分位数 = min + \frac{max - min}{100} \times 2.5$$

可以用 EXCEL 软件中的 PERCENTILE 函数进行百分位数的计算。具体的计算过程可以通过计算机编程（Visual Basic）来完成。

（2）使用 Bootstrap 法进行概率敏感性分析，计算增量成本 - 效果比置信区间：

第一步：采取有返回抽样的方法从研究组的 N_T 个病人中随机抽取 N_T 个数据对（C_{Ti}，E_{Ti}），计算 C_T，E_T；

第二步：采取相同的方法从对照组的 N_S 个病人中随机抽取 N_S 个数据对（C_{Si}，E_{Si}），计算 C_S，E_S；

第三步：计算（$C_T - C_S$），（$E_T - T_S$）和 *ICER*；

第四步：重复第一步至第三步 1000 次。记录所有的（$C_T - C_S$），（$E_T - E_S$）和 *ICER*；

第五步：用百分位数计算 *ICER* 的 Bootstrap 分布 5% 的下限值和 95% 的上限值。研究组增量成本 - 效果比的 Bootstrap 分析结果见表 7-11。

表 7-11　研究组增量成本 - 效果比的 Bootstrap 分析结果

循环周次	*ICER* 95% 上下限
第 1 轮	U_1, M_1
第 2 轮	U_2, M_2
平均值	U_a, M_a

Bootstrap 法计算得到的 95% 的可信区间为 $U_a \sim M_a$，而对照组的费用效果比为 C_S/E_S。如果此时 $M_a < C_S/E_S$，则表明对照组的成本 - 效果比没有落在研究组增量成本 - 效果比的 95% 可信区间内，证明研究组每增加一例有效病人所增加的成本小于对照组治疗有效时的成本，研究组的成本 - 效果比对照组更具经济性；如果此时 C_S/E_S 落在 U_a 和 M_a 之间，则尚无法对研究组和对照组的经济性孰优孰劣做出绝对的判断；如果此时 $C_S/E_S < U_a$，证明对照组每增加一例有效病人所增加的成本小于研究组治疗有效时的成本，对照组的经济性要优于研究组。

综上所述，Bootstrap 的优点是不考虑增量成本和效果的分布是否独立，但也存在着一些缺点，例如其计算的精确度与重复抽样的次数有关，且其理论基础目前仍有争议。例如，在两种情况下，增量成本结果比可能出现负值：一是成本节省且收益更大的情况，另一种是成本更大但收益更小的情况。由于 Bootstrap 随机抽样的性质，可能致使出现大量的负值并导致获得的置信限值为负值。此外，如果增量成本结果比的分母为 0 或者接近 0 的概率很显著，那么 Bootstrap 的理论假设也将受到质疑。因为，如果分母增量结果的值接近于 0，那么增量成本结果比就会非常大，致使抽样分布呈不对称分布。综上，Bootstrap 法能够解决传统方法建立在数据呈正态分布或需大样本的局限性，但当数据呈明显偏态且样本较小时，仍需谨慎使用该方法。

（李　歆　宗　欣）

思考题

1. 什么是不确定性因素？药物经济学评价中不确定因素的来源有哪些？
2. 敏感性分析的功能与作用有哪些？
3. 请简述敏感性分析的步骤。
4. 举例说明单因素敏感性分析法在药物经济学评价中的应用。
5. 为什么要对药物经济学评价结果进行概率分析？
6. 概率分析的常用方法有哪些？
7. 蒙特卡罗模拟和 Bootstrap 法各自的优缺点是什么？

第八章　预算影响分析

学习要求

掌握：预算影响分析的定义与作用。

熟悉：预算影响分析的内容与步骤，预算影响分析与药物经济学评价的区别。

了解：预算影响分析的产生与发展。

许多新药在安全性、临床疗效和成本 - 效果等方面比已有上市的药品要好，而且其临床试验及药物经济学的评价结果也真实可信，但是由于药品费用预算的约束，即使是一个安全性、有效性、经济性好的新药，也未必能被列入医疗保险药品报销目录中得到补偿。换言之，一个国家或地区要将某种新药或新的干预措施引入其卫生服务中，必须要评价该新药或新干预措施的使用对其卫生费用预算的影响，考虑其预算是否可以负担该新药或新干预措施的费用。本章主要介绍预算影响分析的定义及其作用、预算影响分析与药物经济学评价的关系、预算影响分析的产生与发展、预算影响分析的方法与步骤等方面的内容。

第一节　概　　述

一、预算影响分析的定义与作用

预算影响分析（budget impact analysis，BIA）是评价纳入一个新药或一项新干预措施后对医疗卫生支出的预期影响。预算影响分析的目的是在有限的卫生资源与特定卫生服务系统的情况下，对采用和推广一项新干预措施所产生的财政结果和影响进行估计。预算影响分析是在新药或新干预措施使用前后，综合考虑如发病率、患病率、诊疗方法及其资源利用的单位成本等影响疾病成本的关键要素，并结合人口情况与卫生服务系统的特点，评价新药或新技术的使用对支付系统所产生的总的成本或费用影响，具体如图 8-1 所示。

预算影响分析是医药费用支付方在药物经济学评价的基础上，对是否采用某种新的干预方案（新药、新技术等）而进行的进一步分析。医疗保险报销机构日益重视药品的预算影响分析，要求在进行报销申请时提交相关资料。预算影响分析的使用者通常是医疗支出的管理者或计划者，例如一个国家或是一个地区的医疗项目管理者、商业医疗保险计划、医疗服务的提供者或者是直接为雇员购买医疗服务的雇主。这些使用者都需要得到新干预措施对其财务产生影响的明确信息，然而不同的使用者可能在对时间范围的要求及其关注的成本类别等方面不尽相同。

总之，预算影响分析从预算持有者的角度出发，关注服务变化、预算影响及经济上的可负担性。预算影响分析依据明确的假设、可靠的数据以及合理的成本测算方法，估计新药或新技术使用前后医药费用的变化情况，能够为卫生决策提供重要的经济性依据。

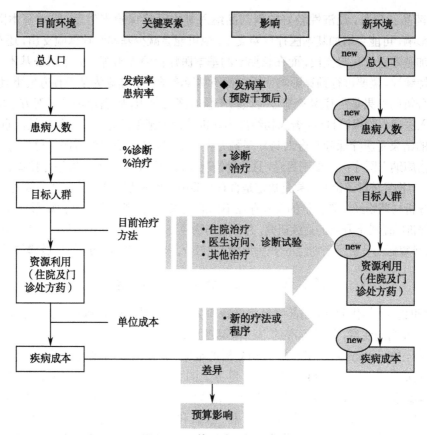

图 8-1 预算影响分析示意图

二、预算影响分析与药物经济学评价的关系

预算影响分析与传统的药物经济学评价之间存在着显著的区别。药物经济学评价通过测量干预措施的成本和收益来判断和选择具有较好经济性的干预措施,主要评估不同干预措施间经济性的差异,即成本 - 效益、成本 - 效果或成本 - 效用孰优孰劣的问题;而预算影响分析通过测量公共预算(医疗保险基金)对新干预措施的可负担性(affordability)来判断一项新干预措施是否应被纳入医疗保险报销目录,主要关注的是付费方对拟采用的干预方案的可负担性。此外,药物经济学评价和预算影响分析在研究角度、目标人群、研究类型、研究时限和成本测量等方面也均有不同,二者的比较如表 8-1 所示。

表 8-1 药物经济学分析与预算影响分析的比较

比较项目	药物经济学分析	预算影响分析
目标	成本 - 收益比最佳	可供给性
研究角度	全社会角度或医院、患者、付费方等多角度	付费者角度
时间期限	整个干预周期	按一个预算年计
用途	常用于新技术及新药的经济性评估	常用于新技术和新药的可负担性评估
作用	明确新技术和新药的经济性	明确如果对新技术或新药进行补偿会对财务和预算带来怎样的影响

如果经过药物经济学评价,某种药品具有良好的经济性,研究人员会建议医疗保障制

度支付该药品。但是，经济性较好的新药品纳入基本医疗保险支付后，将对基本医疗保险支出产生影响，可能会增加基本医疗保险支出，也可能会减少基本医疗保险支出，还有可能在短期内增加基本医疗保险支出，而在长期节约基本医疗保险支出等。为了保证基本医疗保险基金的可持续性，需要进行预算影响分析。若药物经济学评价结论为某干预方案更具经济性，预算影响分析的结果是医疗保险基金对该新干预方案可负担，则医疗保险付费方应将该新干预措施纳入医疗保险报销目录；若药物经济学评价结论为某干预方案不具经济性，则即使预算影响分析的结果是医疗保险基金对该新干预方案可负担，从经济角度看医保付费方也不应该将新干预措施纳入医疗保险报销目录，且此种情况下没必要对该干预方案进行预算影响分析。

可见，药物经济学评价的结果是决定是否有必要进行预算影响分析的依据。截至目前，对于预算影响分析与药物经济学评价的关系存在不同的认识，主要观点之一是预算影响分析是在药物经济学评价的基础上开展的后续研究，并不是药物经济学评价的必不可少的组成部分；另一主要观点是，预算影响分析是药物经济学评价的组成部分，药物经济学评价包括预算影响分析。

三、预算影响分析的产生与发展

在 20 世纪 90 年代后期，当药物经济学评价方法早已被人们普遍接受的时候，预算影响分析才得到人们的注意，且其标准的方法框架直到 2003 年才初步提出。

1998 年，Mauskopf 发表了预算影响分析的框架，其他研究者则发表了关于预算影响分析方法的文章。从 20 世纪 90 年代开始，世界上的大部分国家或地区把预算影响分析列入制定处方集或报销目录时所要提供的内容。这些国家包括澳大利亚，北美的加拿大和美国，欧洲的英国、西班牙、比利时、法国、匈牙利、意大利和波兰，南美的巴西和哥伦比亚，亚洲地区的韩国、中国台湾地区及泰国，以及中东地区的以色列等。然而，荷兰等国则不强制性要求生产企业提供预算影响分析材料，而是允许生产企业自愿提交。

2005 年，国际药物经济学与结果研究协会（ISPOR）成立了预算影响分析工作组。2005年，该工作组在第十届 ISOPR 国际会议（华盛顿）举行了其第一次会议，并且于 2005 年在佛罗伦萨以及 2006 年在美国费城举行了公开的论坛。2007 年，该工作组提出了工作报告——《预算影响分析指导原则》（《principles of good practice for BIA》），为开展预算影响分析研究提供了指南。2012 年，该工作组对 2007 年版的指导原则进行了完善，制定了第 2 版的指导原则。

知识链接

ISPOR 简介

国际药物经济学与结果研究协会（The International Society for Pharmacoeconomics and Outcomes Research, ISPOR）成立于 1995 年，是一个以教育和科研为目的的非营利性国际性组织。ISPOR 的使命是提高卫生保健的效率、有效性和公平性，从而促进整个社会健康水平的提高。ISPOR 旨在促进药物经济学和健康结果研究，并推动研究结果向实践的转化，为相关的卫生决策者提供有用的信息。ISPOR 的影响范围包括结果研究人员、卫生技术研发与评估者、管制者、卫生经济学者、卫生政策的制定者、卫生费用的支付者、卫生保健提供者、患者、公众及全社会。ISPOR 每年召开三次会议，分别在北美（春季）、欧洲（秋季）及亚洲或拉丁美洲（九月）。

　　各个国家或地区也制定了预算影响分析指南。这些指南因其所包括的内容而各有不同，大部分指南对预算影响分析的重要因素仅仅规定了很少的细节。相对的，波兰的预算影响分析指南则针对研究角度、时间范围、数据来源的可靠性、结果报告、新干预措施的使用率、资源重新配置的可能性、说明书之外的使用以及敏感性分析等方面提出了明确的建议。

　　目前，一些国家的管理机构，如英国国立临床规范研究院（NICE）、澳大利亚的药品津贴咨询委员会（PBAC）以及美国的管理保健药学研究院（AMCP）和蓝十字/蓝盾保险公司的管理保健（managed care）计划中，都要求制药公司在申请其产品进入药品目录时，不仅要递交药物经济学评价的结果，还要递交预算影响分析的相关资料。此外，PBAC和NICE已经将预算影响分析列入其药物经济学评价指南中，要求（但不强制要求）估计新技术或新药使用给国家卫生服务带来的影响。AMCP指南要求各管理保健计划提供患病人数、治疗模式和资源利用等信息，以便进行预算分析。AMCP指南作为决定药品能否得到报销的标准之一，已经在美国广泛应用。由《中国药物经济学评价指南》课题组组织编写的《中国药物经济学评价指南》（2011年版）也已经将预算影响分析的内容纳入其中，但不强制要求进行预算影响分析。

　　知识链接

　　《中国药物经济学评价指南》（2011年版）简介

　　《中国药物经济学评价指南》（2011年版）是由中国药学会会同中国科协和中国医师协会等相关机构，与国内外相关领域专家共同协作，历时近3年时间完成的行业性规范指南。该指南在借鉴国际指南优点的基础上，结合中国药物经济学学术发展的现状而制定。

　　《中国药物经济学评价指南》（2011年版）包括引言、使用说明、执行摘要、正文、参考文献和附录六大部分。其中，正文部分按照药物经济学评价的主要研究程序依次撰写，共包括十部分指南：研究问题（Study Question）、研究设计（Study Design）、成本（Cost）、健康产出（Health Outcomes）、评价方法（Evaluation Techniques）、模型分析（Modeling Analysis）、差异性和不确定性（Variability and Uncertainty）、公平性（Equity）、外推性（Generalizability）、预算影响分析（Budget Impact Analysis，BIA）。

第二节　预算影响分析的方法

一、预算影响分析的主要内容

　　根据《中国药物经济学评价指南》（2011年版），预算影响分析的内容主要包括以下几个方面：

　　1. 确定市场容量　即拟采用的与药物相关的新的干预方案所治疗领域的患者数量。市场容量应根据疾病患病率与发病率的变化，以及自然因素（如出生率与死亡率）和迁移因素（如移民与迁徙等）等进行预测。

　　2. 明确两种市场情形　对照情形为拟采用的与药物相关的新的干预方案未列入报销

目录的市场状态,新的干预方案情形为拟采用的与药物相关的新的干预方案列入报销目录的市场状态。两种情形均应考虑到预期的市场变化,包括其他新干预方式的上市、同类药品的撤市以及替代治疗方式等。

3．市场份额(market share)　即拟采用的与药物相关的新的干预方案所占患者市场的份额。市场份额可参照该疾病领域已发表的权威文献进行估算,也可以依据基本医疗保险或第三方数据库进行预测。

4．治疗成本　拟采用的与药物相关的新的干预方案的价格可以通过多种渠道获取,如定价机构、医院、药店以及厂商等。计算治疗成本应依据治疗路径,单一用药或多种药物联合的治疗成本应根据两种情形下报销比例的不同而进行调整。

5．时间范围　预算影响分析的预测时间应根据分析的角度和疾病的类型予以确定,通常在3~5年之间。

6．敏感性分析　为评价假设条件导致的不确定性,应在分析中进行单因素或多因素敏感性分析,以评价通过改变模型中一个或多个参数对分析结果产生的影响。以下参数应考虑作为敏感性分析的检验对象:①两种情形下的新干预方案的市场份额;②新干预方案从竞争干预方案抢占的市场份额;③预计的新干预方案被列入报销目录的价格。

此外,《中国药物经济学评价指南》(2011年版)指出了目前在我国进行预算影响分析还应注意的问题:①对预算影响分析的分析框架与输入数据进行描述,推荐以Microsoft EXCEL作为分析工具。应确保数据与假设的透明度与可靠性,数据来源于观察资料(如历史数据)或者预期结果(新干预方式上市后的市场目标)。②考虑到我国基本医疗保险统筹单位以省市级为主,各地的基本医疗保险补偿政策比较复杂,有时难以明确一个确定的补偿比例,预算影响分析也可以省市为单位,收集省市范围内的市场容量、市场预测与在地区的药品销售价格,分析新的治疗方式对该省市范围的基金的影响。

二、预算影响分析的框架与数据

预算影响分析是在决定是否将一种新药或新技术纳入报销目录时,综合利用可获得的信息,估计该决策将给特定的卫生服务系统所带来的财政影响。考虑到不同国家或地区卫生服务系统具有不同地区的特点,预算影响分析无法为所有的卫生决策者提供一个单一的计算公式,但可以提供一个有效的分析框架,或者说是一个"模型"。决策者可以将其所拥有的信息输入该模型,从而估计其特定卫生服务环境下的财政影响。

1．分析框架　建立合理的分析框架是预算影响分析的一个重要步骤。分析框架包括:卫生服务系统的特点、可能存在的可获得性障碍、新干预方案的预期市场份额以及现有干预方案和新干预方案的使用及其效果。建立预算影响分析框架所应包含的重要因素如图8-2所示。

设计:为预算影响分析设计合适的模型。设计必须考虑到受影响人群的规模和特征、干预的方式、成本及其带来的影响等。

观点:预算影响分析主要是为管理一个国家、地区卫生保健的决策部门、决策者提供预算依据,因此应当从预算持有者的角度进行分析。

比较的情境:预算影响分析通常进行新情境与参照情境的比较。参照情境应当是当前各种干预作用下的选定人群。新情境包括新技术的引入、部分或全部替代当前干预。

```
• 医疗卫生系统的特点
• 研究角度
• 目前干预措施与新干预措施的使用与成本
  · 目标人群
  · 目前的干预措施
  · 新干预措施的引入与市场影响
  · 新干预措施说明书之外的使用
  · 目前干预措施与新干预措施的混合成本
• 对其他成本的影响
  · 健康状况相关医疗成本
  · 间接成本
• 时间范围
• 贴现
• 计算框架的选择
• 不确定性及情境分析
• 有效性
```

图 8-2　预算影响分析设计应考虑的重要因素

人群：预算影响分析的人群包括所有可能受到新干预方案影响的人群，即政策目标的受众与技术影响人群要一致。

分组：根据疾病严重程度、性别、年龄等其他可能影响到对新干预方案使用的因素，将人群区分为特定的人群亚组。

时间范围：预算将对某一个时期产生影响，其指标应在同一时段内测算。时段的长短取决于治疗的目标和预期的产出。

成本：从预算持有者的角度来确定成本，与健康和干预相关的直接成本都应计算在内。

敏感度分析：预算影响分析存在很大的不确定性，需要评价在一定范围内改变假设和某些关键变量对预算的影响。

贴现和效度：不同国家、地区或相关主管部门对贴现及贴现率的要求并不一致，所以要根据实际情况决定是否对结果进行贴现以及所采用的贴现率具体值。效度意在反映预算影响分析是否有效估计到了它所打算测算的内容，即实际结果与预算结果的符合程度。

2. 需要输入的信息与数据来源　ISPOR 建议，构建预算影响分析模型需要输入六个关键要素：①受影响人群的规模和特征；②没有新干预的现干预；③现干预的成本；④新干预；⑤有新干预的成本；⑥其他直接医疗成本。

具体而言，预算影响分析模型所需信息包括：①疾病在人群中的流行情况（发病率、患病率、死亡率、治疗率等）；②采用新干预方案（如新药）后人群患病情况的变化；③新干预方案推广和扩散情况；④新干预方案的成本（包括直接医疗成本、直接非医疗成本和药物成本等）和患者管理和服务成本。产出的结果一般可用马尔可夫（Markov）模型来分析。

建立分析框架后就可以输入数据进行分析。预算影响分析的有效性与所用数据的质量、准确性和适用性密切相关。为了提供可靠的预算影响估计，数据应来自最佳的可获得性资源，并且支持计算的透明性和可复制性。这部分的内容包括：①目标人群的规模与特点；②现有干预方案与新干预方案的混合应用；③现有干预方案与新干预方案的混合成本；④其他健康相关医疗服务的使用及其成本；⑤不确定性的范围与替代选择及情境分析。

预算影响分析的开发者应熟悉预算管理者对数据的具体要求。更重要的是，输入的数据应与预算管理者紧密相关。例如，来自一个国家的数据可能不适用于其他国家。数据来源应适用于所研究的问题，且应该估计其可靠性。图 8-3 列出了可以用于预算影响分析的数据来源。

- 记录的实际使用情况与成本数据或预算管理者建立的数据库
- 来自临床试验的明确的或推断性数据
- 来自不同国家的、相似人群及相同治疗方式的用法用量与依从性数据
- 用以确认产品的销售情况、替代干预措施的早期使用情况以及治疗模式的发展趋势的市场研究数据
- 专家意见与社会调查

图8-3 可用于预算影响分析的数据来源

三、预算影响分析的步骤

首先,计算疾病状态的成本。某一疾病状态人群一年内使用的卫生资源及成本,包括个体或人群的全部疾病负担,用于估计疾病给社会和家庭带来的经济损失,以及为了防治疾病而消耗的经济资源。成本测算的方法可以是前瞻性,也可以是回顾性的。

其次,选择合适的模型估计预算影响。由于需要考虑成本变化的时间,为了准确估计新干预方案引入后每一年的预算影响,需要精确预测成本变化的时间。成本可能马上改变(如流感治疗新方法),也可能很多年都不会变(如乙肝疫苗或者糖尿病并发症的治疗),所以要选择适宜的预算影响分析模型。基于新药所治疗的疾病、新药产生的效果、预算持有者所关心的时间跨度,预算影响模型包括三类:静态、半动态和动态模型。静态模型指人群大小和疾病严重程度组成保持不变;半动态模型指人群大小和疾病严重程度组成会发生变化,但假定变化是瞬间发生的;动态模型是考虑人群大小和疾病严重程度组成会随时间变化,以此来评价对预算的影响。

评价一个预算影响模型是否合适应该从透明度、研究角度、数据的可靠性、中间结果和最终结果的关系、采用新疗法的速度、不同亚组或适应证的影响、结果报告、资源重新分配的可能性、时间范围、不确定性和敏感度分析以及决策者对模型的可及性等方面进行。与经济评价一样,预算影响分析模型也不能取代决策,决策还应考虑其他如政治、公平等因素,但至少预算影响分析模型可以提高决策水平和确保资源更合理分配。

再者,注意开展预算影响分析需考虑的因素。如新干预方案对现有治疗方案是替代还是补充;对市场份额变化做出最合理的推断;考虑患者的依从性(影响成本、结果);考虑对不同决策者的适用性。预算影响分析的具体操作流程如图8-4所示。

知识链接

预算影响分析的报告模式

ISPOR 建议的预算影响分析的报告模式为:①报告引言,包括相关的临床和经济信息;②流行病学和治疗,包括相关疾病的发病、患病以及年龄、性别和危险因素;③临床影响,包括病理学描述、病理生理学机制、预后、病程以及和分析研究有关的现有治疗选择;④经济影响,包括已有的相关研究,如成本、成本 - 效果研究;⑤技术,包括与现有技术相比新技术的特征,如指标、作用、功效、不良反应、严重逆向事件中间结果,给出临床试验的简介,包括设计、研究人群、跟踪期间和临床结果等信息;⑥目的,研究目的应明确阐述;⑦研究设计和方法,一般有模型研究,包括患者人群、治疗技术、时间范围、观点和目标读者、模型描述、输入数据、数据来源、数据收集和分析;⑧结果;⑨图表,包括模型图形、假设表、输出和输入表、敏感度分析;⑩附录和参考文献。

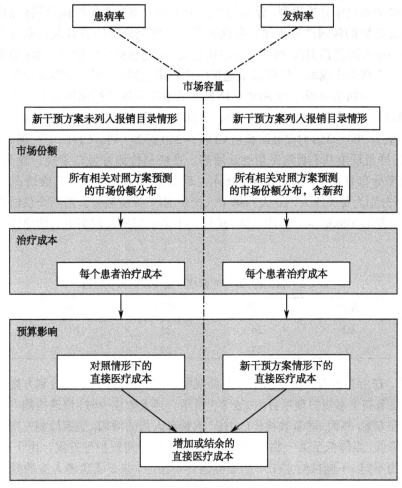

图 8-4　预算影响分析的操作流程

四、预算影响分析应用实例

1. 背景资料　目前,全球的艾滋病患者日益增多,其中很多艾滋病患者并不了解自身的状况。许多人类免疫缺陷病毒(HIV)阳性患者在出现疾病症状的时候才被发现,而这时往往已经发生了严重的抑制免疫反应。HIV 筛查能够及早发现患者,尽早为患者提供治疗能够,进而极大地改善患者的健康状况。HIV 筛查具有良好的经济性,因此被推荐用于疾病流行率较低的人群。虽然 HIV 筛查具有经济性,但是由于其成本比较高,因此它对于第三方支付者来说可能并不是具有财政可行性的选择。预算影响分析能够通过比较 HIV 筛查项目的产出(即该疾病治疗成本的减少)与该筛查项目所需要的资源,为卫生决策者提供 HIV 筛查的财政可行性信息。

2. 方法　研究者基于某部门开展的 HIV 筛查项目来预测两个不同干预方案的成本并进行预算影响分析。方案一是开展非目标人群的 HIV 筛查项目并为所有已经确认的患者提供治疗(快速检测);方案二是为具有晚期症状的患者提供治疗(常规护理)。通过比较上述两个方案,来确定哪个方案更具有财政上的可行性。

采用一阶动态决策分析模型,分别估计两个干预方案在七年时间范围内的财政影响。根据患者经过诊断的疾病严重程度与各疾病严重程度类别下的患者人数来计算成本。快速检测方案的成本既包括 HIV 筛查项目的执行成本,也包括疾病治疗成本;而常规护理方案的成本仅为疾病治疗成本。疾病成本包括门诊费用、住院费用以及药品费用。每个疾病分期的成本通过对病历审查与对 HIV 阳性患者的治疗数据进行模型分析获得。疾病严重程度根据 $CD4^+$ 分为四期,分别为:当 $CD4^+ < 50$ 时为Ⅳ期,当 $CD4^+$ 值为 $50\sim199$ 时是Ⅲ期,当 $CD4^+$ 值为 $200\sim350$ 时是Ⅱ期和当 $CD4^+ > 350$ 时为Ⅰ期。$CD4^+$ 的值越低,疾病越严重,即疾病的严重程度从Ⅰ期到Ⅳ期逐渐增高。在快速检测方案与常规护理两个方案中,疾病严重程度分布有所不同,如表 8-2 所示。研究估计了三种不同供给情况下的财政影响,供给水平分别为每天 5 人、10 人和每个人提供 HIV 筛检服务。前两个供给水平反映了在现有条件下能够实际提供的检测人数,最后一个是依据疾病控制中心的建议而建立的假设水平。

表 8-2 模型输入:不同疾病严重程度的患者比例

	Ⅳ期	Ⅲ期	Ⅱ期	Ⅰ期	合计
常规护理	22	26	23	29	100
快速检测	8	24	24	43	100

3.结果 在所有模拟的供给水平与患者规模下,非目标性的快速检测方案的 7 年估计成本并没有显著高于常规护理项目,如表 8-3 所示。当人数较少时,快速检测方案的成本都高于常规护理方案,然而,随着被检出的 HIV 携带者人数的增加,快速检测方案成本的增长速度将逐渐降低,当降低至某一临界值时,其成本将低于常规护理方案。由于 HIV 筛查项目执行成本的不同,不同供给水平下的临界值并不相同,并不随患者人数的变化而呈线性增加。

表 8-3 常规护理与快速检测的估计成本(美元)

人群规模	供给率	常规护理(95%CI)	快速检测(95%CI)
4	5/天	131 143(78 216～207 825)	175 114(88 703～258 035)
6	5/天	244 115(164 527～371 386)	262 056(147 585～359 946)
8	5/天	311 373(220 358～447 352)	332 389(209 608～449 539)
11	5/天	449 675(338 619～616 541)	464 529(314 689～602 906)
22	5/天	918 463(748 608～1 142 224)	916 894(706 683～1 129 739)
32	5/天	1 373 520(1 162 783～1 652 871)	1 334 239(1 067 545～1 581 769)
39	5/天	1 661 119(1 422 059～1 959 388)	1 638 520(1 350 054～1 938 275)
57	5/天	2 448 055(2 145 675～2 805 595)	2 383 208(2 029 588～2 728 171)
8	10/天	311 373(220 358～447 352)	348 036(209 608～449 539)
11	10/天	449 675(338 619～616 541)	485 701(314 689～602 906)

人群规模	供给率	常规护理（95%CI）	快速检测（95%CI）
15	10/天	630 549（491 905～826 743）	653 836（459 256～823 184）
21	10/天	878 091（709 926～1 101 970）	899 234（667 040～1 082 325）
43	10/天	1 840 167（1 585 901～2 150 653）	1 828 215（1 510 733～2 107 502）
63	10/天	2 692 457（2 380 472～3 063 322）	2 679 336（2 286 097～3 022 789）
78	10/天	3 372 705（3 020 850～3 787 061）	3 287 460（2 862 653～3 679 837）
113	10/天	4 874 310（4 435 917～5 363 469）	4 773 087（4 262 200～5 250 449）
11	每位	449 675（338 619～616 541）	561 386（314 689～602 906）
16	每位	671 123（528 158～866 439）	785 252（489 145～852 453）
21	每位	878 091（709 926～1 101 970）	976 253（667 040～1 082 325）
31	每位	1 320 338（1 106 092～1 583 112）	1 418 088（1 050 690～1 559 001）
63	每位	2 692 457（2 380 472～3 063 322）	2 756 595（2 286 097～3 022 789）
91	每位	3 936 820（3 540 501～4 388 040）	3 927 737（3 369 597～4 255 351）
113	每位	4 874 310（4 435 917～5 363 469）	4 848 802（4 262 200～5 250 449）
164	每位	7 103 144（6 574 161～7 686 456）	7 011 975（6 280 554～7 459 161）

表 8-4 对两种方案的相关成本构成的分析表明，常规护理的高成本主要是由更多的住院费用导致的。门诊费用在两种方案中都约占总成本的 1/5，而药品费用在两种方案中都占最大的比重。比较两者的人均成本结果表明，常规护理每位患者的年均成本为 7237 美元，而快速检测方案每位患者的年均成本为 5836 美元。

表 8-4　两种方案 7 年平均成本构成

	药品	住院	门诊
常规护理	59%	22%	20%
快速检测	64%	14%	21%

尽管快速检测方案具有比较高的初始投资，但是由于它能够较早地发现 HIV 携带者并开展早期治疗，较高的初始投资被后期降低的住院治疗费用所抵消。假设 HIV 的患病率为 1% 而检测覆盖率为 80%，则快速检测的成本与常规护理的成本分别为 $1 418 088 和 $1 320 338（P= 0.5854），快速检测方案的成本并没有显著高于常规护理方案的成本。当时间范围超出 7 年时，在该研究的卫生服务系统下，HIV 快速检测方案的成本将与常规护理方案的成本相同。考虑到快速检测方案可以较早发现 HIV 并提供相关的医疗服务，由此可以产生更佳的健康结果，该研究认为非目标性的快速检测项目的经济效率更高。

（颜久兴　钟　丽）

思考题

1. 预算影响分析有什么作用?
2. 预算影响分析与传统的药物经济学评价方法有什么区别?
3. 预算影响分析的主要内容有哪些?
4. 预算影响分析的步骤?

1. Walker DG, Hutubessy R, Beutels P. WHO Guide for standardization of economic evaluation of immunization programmes.Vaccine, 2010, 28:2356-2359.

2. 孙利华. 药物经济学. 第2版. 北京：中国医药科技出版社, 2010.

3. Brian L. Strom, Stephen E. Kimmel. Textbook of Pharmacoepidemiology. John Wiley & Sons (Asia) Pte Ltd. USA, 2008.

4. Cook JR, Drummond M, Glick H, et al. Assessing the appropriateness of combining economic data from multinational clinical trials. Stat Med, 2003, 22: 1955-1976.

5. 宋蕾, 张开金, 包思敏, 等. 不同支付方式下慢性病患者住院费用对比分析. 中国全科医学, 2013, 16 (4)：440-441.

6. 孙利华, 宗欣. 对我国药物经济学评价中贴现率选择问题的思考. 中国新药杂志, 2010, 19 (9)：737-739.

7. 陈洁. 药物经济学. 北京：人民卫生出版社, 2006.

8. 高鸿业. 西方经济学. 第2版. 北京：中国人民大学出版社, 2000.

9. 胡善联. 药物经济学. 北京：高等教育出版社, 2009.

10. 厉以宁. 西方经济学. 北京：高等教育出版社, 2003.

11. 伍红艳. 健康效用值测量研究. 沈阳：沈阳药科大学, 2012.

12. 朱燕波, 骆晓霞, 唐芳等. 生命质量（QOL）测量与评价. 北京：人民军医出版社, 2010.

13. Bala MV. Willingness to pay as a measure of health benefits. Pharmacoeconomics, 1995, 15 (1):9-18.

14. Bootman JL. Principles of pharmacoeconomics (2nd ed.). Cincinnati Ohio: Harvery Whitney Books Company, 1996.

15. Brazier J, Roberts J.The estimation of a preference-based measure of health from the SF-12.Medical Care, 42 (9):851-859.

16. Brazier J, Roberts J, Deverill M.The estimation of a preference-based measure of health from the SF-36. Journal of Health Economics, 2002, 21 (2):271-292.

17. Brazier J, Roberts J, Platts M, et al.Estimating a preference-based index for a menopause specific health quality of life questionnaire.Health and Quality of Life Outcomes, 2005, 3 (13):1-9.

18. Dolan P.Modeling valuations for EuroQol health states.Medical Care, 1997, 35 (11):1095-1180.

19. Donaldson C, Shackley P. Does process utility exist? A case study of willingness to pay for laparoscopic cholecystectomy. Social Science and Medicine, 1997, 44:699-707.

20. Drummonnd MF.Methods for economic evaluation of health care programmes. 3rd ed.Oxford: Oxford University Press, 2005.

21. Robinson A, Spencer A.Exploring challenges to TTO utilities: valuing states worse than dead.Health Economics, 2006, 15 (4):393-402.

22. Ryan M. Methodological issues in the application of conjoint analysis in health care. Health Economics, 1998, 7:373-378.

23. Scott A, Maynard A, Elliott R. Advances in health economics.New York: John Wiley & Sons, Ltd., 2003.

24. Torrance GW, Furlong W, Feeny DH, et al.Muti-attribute preference functions: health utilities index. Pharmacoeconomics, 1995, 7 (6):504-517.

25. Torrance GW, Thomas W, Sackett D. A utility maximization model for evaluation of health care

programmes.Health Services Research，1972，7（2）:118-133.

26．Yang Y，Brazier J，Aki Tsuchiya，et al.Estimating a preference-based single index from the overactive bladder questionnaire.Value in Health，2009，12（1）:159-166.

27．李晓松．医学统计学．第2版．北京：高等教育出版社，2003.

28．刘续宝，王素萍．临床流行病学与循证医学．第4版．北京：人民卫生出版社，2013.

29．孙振球．医学统计学．第3版．北京：人民卫生出版社，2010.

30．詹思延．流行病学．第7版．北京：人民卫生出版社，2012.

31．宗欣，孙利华．药物经济学研究设计方法的比较及启示．中国药物经济学，2009，4: 52-56.

32．唐智柳，陈英耀，周萍．与临床试验平行的经济学评价设计面临的挑战．Health Economics，2007，26（4）: 68-70.

33．Knerer G. Sample size calculation for economic evaluation. Mental Health，2003: 45.

34．Ramsey S，Willke R，Briggs A，et al. Good Research Practices for Cost-Effectiveness Analysis Alongside Clinical Trials: The ISPOR RCT-CEA Task Force Report. Value in health，2005，8（5）: 521-533.

35．Motheral B，Brooks J，Clark M A，et al. A checklist for retrospective database studies—report of the ISPOR Task Force on Retrospective Databases. Value in Health，2003，6（2）: 90-97.

36．F.Randy Vogenberg. Introduction to Applied Pharmacoeconomics. New York；London：McGraw-Hill，2001.

37．F. 兰迪 瓦根伯格主编．俞雄，周琦奕，陈扬，林峰译．应用药物经济学．北京：化学工业出版社，2010.

38．卢莹璐，孙利华．3种抗菌药物治疗急性结石性胆囊炎的成本 - 效果分析．中国药房，2010（24）: 2271-2273.

39．Suleiman S，Rex D K，Sonnenberg A. Chemoprevention of colorectal cancer by aspirin: a cost-effectiveness analysis. Gastroenterology，2002，122（1）: 78-84.

40．Mugford M，Vale L，Donaldson C. Evidence-based health economics. London: BMJ Books，2002.

41．曾小慧．基于决策模型的晚期非小细胞肺癌药物经济学研究．中南大学，2013.

42．Evans K W，Boan J A，Evans J L，et al. Economic evaluation of oral sumatriptan compared with oral caffeine/ergotamine for migraine. Pharmacoeconomics，1997，12（5）: 565-577.

43．Briggs A. Economic evaluation and clinical trials: size matters: The need for greater power in cost analyses poses an ethical dilemma. BMJ: British Medical Journal，2000，321（7273）: 1362.

44．中国药物经济学评价指南课题组．中国药物经济学评价指南（2011 年版）．中国药物经济学，2011：03

45．Jain R，Grabner M，Onukwugha E. Sensitivity analysis in cost-effectiveness studies: from guidelines to practice. Pharmacoeconomics，2011，29（4）:297-314.

46．Karl Claxton. Exploring Uncertainty in Cost-Effectiveness Analysis. Pharmacoeconomics，2008；26（9）: 781-798.

47．Briggs AH. Handling Uncertainty in Cost-Effectiveness Models. Pharmacoeconomics，2000；17（5）: 479-500.

48．Wakker P，Klaassen M. Confidence intervals for cost-effectiveness ratios. Health Economics，1995，4（5）:373-382.

49．摩根，亨利昂著．王红漫译．不确定性．北京：北京大学出版社，2011.

50．Barton GC，Briggs AH，Fenwick EAL. Optimal cost-effectiveness decisions: the role of the cost-effectiveness acceptability curve（CEAC），the cost-effectiveness acceptability frontier（CEAF）and the expected value of perfect information（EVPI）. Value in Health，2008，11（5）:886-897.

51．Sean D. Sullivan. Budget Impact Analysis-Principles of Good Practice: Report of the ISPOR 2012 Budget Impact Analysis Good Practice Ⅱ Task Force. Value in Health，2014，17（1）: 5-14.

52. Josephine A. Principles of Good Practice for Budget Impact Analysis: Report of the ISPOR Task Force on Good Research Practices- Budget Impact Analysis. Value in Health, 2007, 10 (5): 336-347.

53. Risha Gidwani. A budget impact analysis of rapid human immunodeficiency virus screening in veterans administration emergency departments. The Journal of Emergency Medicine, 2012, 42 (6): 719-726.

32. Rosen Lisa A. Critical re-appraisal Practice for Rapid...Impact Analysis Record of med...Hosp Position...
published...re re re... prehospital... se ve...infanty...reen...Health. 2004. 10 (5): 436

35. Berlo Brown. A hu...prehospital...re...se...re...a...
administration cos...risk phenomenon. The Journal of Emergency Medicine. 2004. 20 (7): 177...

附表 1　EQ-5D 量表

维度	水平	描述	中国分数	英国分数
行动	1	我可以四处走动，没有任何困难	0	0
	2	我行动有些不方便	0.099	0.069
	3	我不能下床活动	0.246	0.314
自我照顾	1	我能自己照顾自己，没有任何困难	0	0
	2	我在洗脸、刷牙、洗澡或穿衣方面有些困难	0.105	0.104
	3	我无法自己洗脸、刷牙、洗澡或穿衣	0.208	0.214
日常活动	1	我能进行日常活动（如工作、学习、家务事、家庭或休闲活动），没有任何困难	0	0
	2	我在进行日常活动方面有些困难	0.074	0.036
	3	我无法进行日常活动	0.193	0.094
疼痛／不舒服	1	我没有任何疼痛或不舒服	0	0
	2	我觉得中度疼痛或不舒服	0.092	0.123
	3	我觉得极度疼痛或不舒服	0.236	0.386
焦虑／抑郁	1	我不觉得焦虑（如紧张、担心、不安等）或抑郁（如做事情缺乏兴趣、没乐趣、提不起精神等）	0	0
	2	我觉得中度焦虑或抑郁	0.086	0.071
	3	我觉得极度焦虑或抑郁	0.205	0.236

注：健康效用值＝1−（α+MO+SC+UA+PD+AD+N3），其中 α 为常数项，MO～AD 依次分别表示上述相应维度所在的水平，N3 表示健康状态中至少有一个维度为水平 3。中国效用值积分体系中 α=0.039，N3=0.022；英国效用值积分体系中 α=0.081，N3=0.269。

附表 2　SF-6D 量表

维度	水平	描述	分数
身体功能	1	您的健康水平不会限制您做剧烈活动	0
	2	您的健康水平对您做剧烈活动有一点限制	−0.053
	3	您的健康水平对您做中等强度的活动有一点限制	−0.011
	4	您的健康水平对您做中等强度的活动有很大限制	−0.040
	5	您的健康水平对您做洗澡和穿衣服活动有一点限制	−0.054
	6	您的健康水平对您做洗澡和穿衣服活动有很大限制	−0.111
角色限制	1	您没有任何影响您工作和日常活动的躯体健康和情感方面的问题	0
	2	躯体健康问题限制了您的工作和其他活动	−0.053
	3	情感方面的问题导致您无法像自己期望的那样完成工作	−0.055
	4	躯体健康限制了您的工作和其他活动，并且情感问题导致您无法像自己期望的那样完成工作或其他活动	−0.050

续表

维度	水平	描述	分数
社会功能	1	您的健康状况在任何时候都不会限制您的社会活动	0
	2	您的健康状况很少会限制您的社会活动	−0.055
	3	您的健康状况在有些时候会限制您的社会活动	−0.067
	4	您的健康状况在大部分时候都会限制您的社会活动	−0.070
	5	您的健康状况在所有时候都会限制您的社会活动	−0.087
疼痛	1	没有疼痛	0
	2	有疼痛,但并不影响您的正常工作(包括户外工作和家务劳动)	−0.047
	3	有疼痛,但只轻微影响您的正常工作(包括户外工作和家务劳动)	−0.025
	4	有疼痛,并且中度影响您的正常工作(包括户外工作和家务劳动)	−0.056
	5	有疼痛,并且很大程度影响您的正常工作(包括户外工作和家务劳动)	−0.091
	6	有疼痛,并且极度影响您的正常工作(包括户外工作和家务劳动)	−0.167
心理健康	1	从来不觉得紧张或消沉	0
	2	很少会觉得紧张或消沉	−0.049
	3	有时候会觉得紧张或消沉	−0.042
	4	大部分时候会觉得紧张或消沉	−0.109
	5	总会觉得紧张或消沉	−0.128
活力	1	总觉得很有精力	0
	2	大部分时候觉得很有精力	−0.086
	3	一些时候觉得很有精力	−0.061
	4	很少觉得很有精力	−0.054
	5	从不觉得很有精力	−0.091

注:健康效用值 =1+PF+RL+SF+PA+MH+VIT+MOST,其中 PF～VIT 依次分别表示上述相应维度所在的水平,MOST 表示任一维度处于最严重的水平,数值为 −0.070。

附表 3　HUI2 量表

维度	水平	描述	分数
感觉	1	有正常的与年龄相符的视力、听力及言语能力	1.00
	2	需要通过仪器的帮助才能看、听、说	0.95
	3	即使使用了仪器,在看、听、说方面也有困难	0.86
	4	盲、聋或失语	0.61
运动	1	有正常的与年龄相符的走、弯、提、跳或跑能力	1.00
	2	走、弯、提、跳或跑能力受限,但不需要帮助	0.97
	3	需要如拐杖、支柱、轮椅等设备的帮助才能行走或独立的四处活动	0.84
	4	需要他人的帮助才能行走	0.73
	5	不能控制或使用胳膊、腿	0.58
情感	1	一般情况下都心情愉悦	1.00
	2	偶尔会有愤怒、生气、烦躁、焦虑、抑郁或黑夜恐惧症	0.93
	3	经常会有愤怒、生气、烦躁、焦虑、抑郁或黑夜恐惧症	0.81

续表

维度	水平	描述	分数
	4	总是会有愤怒、生气、烦躁、焦虑、抑郁	0.70
	5	极度的愤怒、生气、烦躁、焦虑或抑郁，经常需要到医疗机构接受治疗	0.53
认知	1	有正常的与年龄相符的学习、记忆及完成功课的能力	1.00
	2	被父母和（或）老师认为在学习、记忆及完成功课方面比同班其他同学慢	0.95
	3	学习、记忆及完成功课非常慢，经常需要特殊的教育帮助	0.88
	4	不能学习和记忆	0.65
自我照顾	1	能正常吃饭、洗澡、穿衣服、上厕所	1.00
	2	独立吃饭、洗澡、穿衣服、上厕所所有困难	0.97
	3	需要借助一些器械的帮助才能吃饭、洗澡、穿衣服、上厕所	0.91
	4	需要其他人帮助才能吃饭、洗澡、穿衣服、上厕所	0.80
疼痛	1	没有疼痛和不舒服	1.00
	2	偶尔疼痛和不舒服，可以用非药物缓解或自我抑制而不会干扰正常活动	0.97
	3	经常疼痛和不舒服，需要口服药物来缓解并且偶尔会干扰正常活动	0.85
	4	经常疼痛和不舒服，干扰了正常活动，需要通过肌外注射麻醉药来缓解	0.64
	5	严重疼痛，不能被药物缓解，且一直不能正常活动	0.38
生育	1	和一个有生育能力的配偶结合能有孩子	1.00
	2	和一个有生育能力的配偶结合怀上孩子也有困难	0.97
	3	和一个有生育能力的配偶结合也不能怀上孩子	0.88

注：健康效用值 $= 1.06(SE \times MO \times EM \times CO \times SC \times PA \times FE) - 0.06$，其中 SE~FE 依次分别表示上述的相应维度所在的水平。

附表 4　HUI3 量表

维度	水平	描述	分数
视觉	1	不需要（隐形）眼镜就能很好地阅读普通新闻纸，辨认出街对面的朋友	1.00
	2	借助眼镜能很好地阅读普通新闻纸，辨认出街对面的朋友	0.98
	3	戴不戴眼镜都能阅读普通新闻纸，但即使借助眼镜也不能辨认出街对面的朋友	0.89
	4	戴不戴眼镜都能辨认出街对面的朋友，但即使借助眼镜也不能阅读普通新闻纸	0.84
	5	即使借助眼镜也不能阅读普通新闻纸和辨认出街对面的朋友	0.75
	6	根本看不见	0.61
听觉	1	不需要助听器就能在至少还有3个人的小组讨论中能听到其他人说什么	1.00
	2	不需要助听器就能在还有1个人的安静房间里听到其他人说什么，但需要助听器才能在至少还有3个人的小组讨论中听到其他人说什么	0.95
	3	在还有1个人的安静房间里以及至少还有3个人的小组讨论中都需要助听器才能听到其他人说什么	0.89
	4	不需要助听器就能在还有1个人的安静房间里听到其他人说什么，但即使使用助听器也不能在至少还有3个人的小组讨论中听到其他人说什么	0.80

维度	水平	描述	分数
	5	需要助听器才能在还有1个人的安静房间里听到其他人说什么,但即使使用助听器也不能在至少还有3个人的小组讨论中听到其他人说什么	0.74
	6	什么也听不到	0.61
语言	1	当与陌生人或朋友说话时能完全明白	1.00
	2	当与陌生人说话时部分能明白,但当与熟悉自己的人说话时能完全明白	0.94
	3	当与陌生人或熟悉自己的人说话时能部分明白	0.89
	4	当与陌生人说话时不明白,但跟熟悉自己的人说话时能部分明白	0.81
	5	跟其他人说话时一点都不能明白(或不能说话)	0.68
行动	1	不需要借助工具就能毫无困难地走到邻居家	1.00
	2	走到邻居家有些困难,但不用借助工具或其他人帮忙	0.93
	3	借用工具能走到邻居家,但不用其他人帮忙	0.86
	4	借用工具仅能走很短距离,并且到邻居家需要轮椅	0.73
	5	即使借用工具也不能独立行走,在其他人的帮助下才能走很短距离,并且到邻居家需要轮椅	0.65
	6	完全不能行走	0.58
手指灵活性	1	能很好地使用双手及所有手指	1.00
	2	使用双手和所有手指时有限制,但不需要特殊工具和另一个人帮忙	0.95
	3	使用双手和所有手指时有限制,能独立使用特殊工具(但不需要另一个人帮忙)	0.88
	4	使用双手和所有手指时有限制,需要另一个人帮忙完成有些工作(不能独立使用特殊工具)	0.76
	5	使用双手和所有手指时有限制,需要另一个人帮忙完成大多数工作(不能独立使用特殊工具)	0.65
	6	使用双手和所有手指时有限制,需要另一个人帮忙完成所有工作(不能独立使用特殊工具)	0.56
情感	1	幸福,对生活充满兴趣	1.00
	2	有点幸福	0.95
	3	有点不幸福	0.85
	4	非常不幸福	0.64
	5	如此不幸福以至于觉得生命没有价值	0.46
认知	1	能够记住大多数事情,思路清晰,并且能解决每天的问题	1.00
	2	能够记住大多数事情,想事情和解决每天的问题时有点困难	0.92
	3	有点健忘,但是思路清晰能解决每天的问题	0.95
	4	有点健忘,想事情和解决每天的问题时有点困难	0.83
	5	非常健忘,想事情和解决每天的问题时有点困难	0.60
	6	什么事情也记不起来,不能想事情和解决每天问题	0.42
疼痛	1	没有疼痛和不舒服	1.00
	2	轻中度疼痛,但阻碍活动	0.96
	3	中度疼痛,阻碍一些活动	0.90
	4	中重度疼痛,阻碍一些活动	0.77
	5	重度疼痛,阻碍大多数活动	0.55

注:健康效用值 = 1.371(VI × HE × SP × AM × DE × EM × CO × PA)−0.371,其中 VI~PA 依次分别表示上述相应维度所在的水平。

附表5　QAB-5D 量表

维度	水平	描述	分数
尿急	1	从来没有尿急的烦恼	0
	2	很少会有尿急的烦恼	0.036
	3	有时会有尿急的烦恼	0.070
	4	经常会有尿急烦恼	0.078
	5	一直会有尿急的烦恼	0.078
尿失禁	1	从来没有发生因为急迫地想上厕所而发生尿失禁的情况	0
	2	很少会发生因为急迫地想上厕所而发生尿失禁的情况	0.026
	3	有时会发生因为急迫地想上厕所而发生尿失禁的情况	0.038
	4	经常会发生因为急迫地想上厕所而发生尿失禁的情况	0.045
	5	一直会发生因为急迫地想上厕所而发生尿失禁的情况	0.045
睡眠质量	1	从来不会因为总想上厕所而影响晚间的睡眠或休息	0
	2	很少会因为总想上厕所而影响晚间的睡眠或休息	0.023
	3	有时会因为总想上厕所而影响晚间的睡眠或休息	0.023
	4	经常会因为总想上厕所而影响晚间的睡眠或休息	0.049
	5	一直会因为总想上厕所而影响晚间的睡眠或休息	0.049
在公众场合的正常活动	1	从来不会因为总想上厕所而影响在公众场合的正常活动	0
	2	很少会因为总想上厕所而影响在公众场合的正常活动	0.030
	3	有时会因为总想上厕所而影响在公众场合的正常活动	0.060
	4	经常会因为总想上厕所而影响在公众场合的正常活动	0.060
	5	一直会因为总想上厕所而影响在公众场合的正常活动	0.080
尴尬担忧	1	从来不会因为总想上厕所而感到尴尬担忧	0
	2	很少会因为总想上厕所而感到尴尬担忧	0.022
	3	有时会因为总想上厕所而感到尴尬担忧	0.048
	4	经常会因为总想上厕所而感到尴尬担忧	0.113
	5	一直会因为总想上厕所而感到尴尬担忧	0.142

注：健康效用值＝1－(URG+URI+SLE+COP+CON)，其中 URG～CON 依次分别表示上述相应维度所在的水平。

附表6　妇女绝经期生命质量量表

维度	水平	描述	分数
潮热	1	没感觉到过潮热	0
	2	每天会有 1～3 次潮热的感觉	0.008
	3	每天会有 4 次或更多次潮热的感觉	−0.008
关节或肌肉疼痛	1	没感觉到过关节或肌肉疼痛	0
	2	每周会有 1～3 次关节或肌肉疼痛的感觉	0.013
	3	每周会有 4 次或更多次关节或肌肉疼痛的感觉	0.062
	4	持续的轻度到中度关节或肌肉疼痛	0.022
	5	持续的严重关节或肌肉疼痛	0.085

维度	水平	描述	分数
焦虑或担心	1	没有焦虑或担心的感觉	0
	2	每周会有 1～3 次感觉到焦虑或担心	0.018
	3	每周会有 4 次或更多次感觉到焦虑或担心	0.057
乳房萎缩	1	没有乳房萎缩的症状	0
	2	有轻度到中度乳房的萎缩症状	0.002
	3	有严重的乳房萎缩症状	0.039
出血	1	没有出血的症状	0
	2	有轻度规律的出血症状（每月）	0.026
	3	有轻度但不规律的出血症状	0.025
	4	有较为严重规律的出血症状（每月）	0.058
	5	有较为严重但不规律的出血症状	0.043
雌激素水平变化	1	没有因为雌激素水平变化而发生非本身意愿的体征改变（如面部及身体的毛发增多、皮肤油脂分泌增多或痤疮）	0
	2	有轻度到中度因为雌激素水平变化而发生非本身意愿的体征改变（如面部及身体的毛发增多、皮肤油脂分泌增多或痤疮）	−0.010
	3	有重度因为雌激素水平变化而发生非本身意愿的体征改变（如面部及身体的毛发增多、皮肤油脂分泌增多或痤疮）	0.028
阴道干燥	1	没有阴道干燥的症状	0
	2	有轻度到中度阴道干燥的症状	0.008
	3	有重度阴道干燥的症状	0.035

注：健康效用值＝0.917−（HF＋AJM＋AFF＋BT＋BL＋UCS＋VD），其中 HF～VD 依次分别表示上述相应维度所在的水平。